GUIDE
DE LA FAUNE
ET
DE LA FLORE
SOUS-MARINES
DU
BASSIN
MÉDITERRANÉEN

DINO SIMEONIDIS

GUIDE DE LA FAUNE ET DE LA FLORE SOUS-MARINES DU BASSIN MÉDITERRANÉEN

DELACHAUX ET NIESTLÉ

Si vous désirez être tenu au courant des publications de l'éditeur de cet ouvrage, il vous suffit d'envoyer votre adresse, en mentionnant le pays, aux éditions:

DELACHAUX ET NIESTLÉ
Service promotion
79, route d'Oron
CH-1000 Lausanne 21

Vous recevrez régulièrement, sans engagement de votre part, nos catalogues et une information de toutes les nouveautés que vous trouverez chez votre libraire.

ISBN 2-603-00989-3

A Noëlle

SOMMAIRE

Atherina hepsetus

INTRODUCTION

Le livre que vous tenez entre les mains a un double propos. D'abord, et comme tout Guide, il est destiné à l'identification des espèces, présentées dans leur cadre de vie comme un ensemble. D'autre part, il sonne l'alarme, car le rivage et les habitants de la Méditerranée sont menacés chaque jour un peu plus en raison d'une activité humaine trop intense.

Ce Guide ne s'adresse pas seulement aux biologistes mais surtout aux naturalistes et plongeurs amateurs qui cherchent à approfondir leurs connaissances du milieu marin. Il ne se contente pas de présenter les seules caractéristiques externes des animaux, mais plutôt leur façon de vivre et leur comportement, parce que apprendre et comprendre sont souvent les premiers pas, solides, pour protéger les habitants d'un monde menacé.

Il traite la Méditerranée dans sa totalité - parties occidentale et orientale - dans les limites du plongeur amateur. Loin d'être exhaustif, le choix des portraits présentés est déterminé en fonction de la facilité à les rencontrer lors d'une plongée. Les espèces similaires ou plus rares sont mentionnées.

La Méditerranée cache sous ses eaux bleues et transparentes certains habitants qui n'ont rien à envier à leurs cousins exotiques. Les photos du livre, réalisées dans leur totalité en apnée, sont à la fois le témoignage de ce monde d'une beauté fascinante et la preuve de son accessibilité.

La sauvegarde de ce patrimoine culturel et naturel nous concerne tous.

LES CÔTES MÉDITERRANÉENNES

Entre trois continents, la Méditerranée donne vie à vingt pays. Il ne s'agit pas simplement d'un espace marin mais du centre de vie commune à de brillantes civilisations, une arène des batailles dont sont sorties victorieuses contre le temps certaines des plus grandes idées et inventions humaines. Nulle part ailleurs on a pu observer un tel bouillonnement d'idées, comme la démocratie et les sciences qui sont autant de conquêtes de «l'esprit méditerranéen».

Il y a deux cent millions d'années, la Méditerranée faisait partie de Téthys, mer immense qui couvrait une grande surface de la planète. En quelques dizaines de millions d'années, les plaques tectoniques, dans une bataille de Titans, encerclèrent cette mer entre les continents, lui coupant toute communication avec les océans. Un million d'années plus tard, elle était presque asséchée et laissait derrière elle un désert de sel. Quand soudain, à l'endroit où les Grecs situeront plus tard les colonnes d'Hercule, apparaît le détroit de Gibraltar qui ouvre ainsi la plus grande et la plus importante des cascades de l'histoire de l'humanité. Il faudra un siècle pour remplir et donner vie à cette mer au carrefour de trois continents : la Méditerranée.

Aujourd'hui, sa surface couvre 2.500.000 km^2 pour une longueur totale de 3.800 km. C'est-à-dire 1% de la surface totale des mers du globe. Elle baigne de ses eaux bleues 46.000 km de côtes dont 40% sont des îles.

Pour des raisons hydrologiques et biologiques, on la divise en deux parties, occidentale et orientale. Certains scientifiques ajoutent à la partie occidentale la Mer Adriatique en raison de ses similitudes. Le détroit entre la Sicile et la Tunisie est considéré comme la frontière entre les deux parties. Il modère l'influence de l'Océan Atlantique sur la partie orientale. Les températures moyennes varient légèrement, entre 16°C pour la partie orientale et 12°C pour la partie occidentale.

Côté est, l'évaporation de l'eau est plus élevée. Et qui parle d'évaporation parle de sel. C'est ainsi que les eaux des côtes grecques ont un taux de salinité plus élevé que celles de la Côte d'Azur par exemple.

Avec plus de 5000 m de profondeur, la Méditerranée est une mer profonde. Mais comme toutes les mers, elle a besoin d'un renouvellement de ses masses d'eau. Gibraltar n'est pas le seul pourvoyeur. La Mer Noire, par les Dardanelles, participe aussi à hauteur de 7% de son alimentation, les divers fleuves qui s'y jettent avec 9% tandis que les pluies couvrent 16%.

Dans la partie orientale, l'intérêt se porte sur le Canal de Suez qui, depuis son ouverture en 1869, a permis la migration dite «lessepsienne» de certaines espèces, lesquelles, malgré la difficulté de la traversée et la différence de composition des eaux avec la Mer Rouge, ont réussi à s'installer et à se développer en Méditerranée. En 1988, on comptait 44 espèces de poissons ayant passé le canal.

Les conditions climatiques rencontrées sur le bassin méditerranéen sont particulièrement exceptionnelles et ne se retrouvent sur le globe que dans des endroits comme la Californie ou la région de Perth en Australie. Facteur déterminant de ce climat depuis des dizaines de milliers d'années, la Méditerranée a permis le développement d'une faune et d'une flore particulières autant sur terre que sous la mer. Elle donne vie à environ 650 espèces de poissons, à des phoques, des baleines, des dauphins ainsi qu'à des milliers d'invertébrés sans oublier la fameuse Posidonie qui régénère ses eaux en oxygène. Sur terre, la même diversité fait observer 25.000 espèces du royaume végétal dont 50% sont endémiques au bassin méditerranéen.

Les figuiers, les dattiers et les oliviers, les céréales et les vignes, fournis-

Page précédente:
Poissons de Méditerranée

sent depuis la haute antiquité une grande partie de l'alimentation à ses peuples. Un tel endroit avait tout à offrir aux hommes qui, vainqueurs de leurs peurs ancestrales, quittaient la vie de nomade en donnant naissance à la créativité de l'esprit. La mer qu'ils avaient rencontrée était faite à leur mesure. Elle devint le lien entre pays et nations, source du commerce et de l'échange d'idées.

Aujourd'hui, cet esprit méditerranéen se trouve devant l'impasse créée par le couple infernal développement-environnement et tel un apprenti-sorcier, cherche des formules miraculeuses pour s'en sortir.

La liste des problèmes de la Méditerranée est longue. Malgré l'interdiction d'y jeter certaines substances comme le mercure ou le zinc, chaque jour des quantités de produits chimiques agricoles ou même des hydrocarbures sont déversés dans ses eaux.

Et si les pays du nord, dit riches, peuvent traiter même partiellement leurs déchets, comment ceux du sud pourraient-ils faire face quand les stations coûtent plus cher que les unités polluantes?

Le versement des produits chimiques n'est malheureusement pas la seule source de pollution.

L'activité humaine sans précédent près des côtes, le tourisme de masse, la circulation des bateaux de commerce et des pétroliers, la surpêche, les feux qui détruisent chaque année des milliers d'hectares de forêt, le boom démographique, le bétonnement des rivages ou la pollution atmosphérique représentent autant de véritables bombes à retardement pour la belle aux eaux bleues.

Pendant ce temps, sous l'eau, les animaux poursuivent la lutte continuelle pour leur survie. Le mérou, *Epinephelus marginatus*, devient rare au nord du bassin occidental. Le phoque-moine, *Monachus monachus,* compte moins de 250 rescapés dans toute la Méditerranée et devient la première espèce menacée alors qu'à l'époque d'Homère, ces sirènes de mer prenaient leur bain de soleil étalées sans souci sur les rochers. L'oursin comestible, *Paracentrotus lividus*, abondant dans le bassin oriental, souffre d'une maladie mal connue à l'ouest.

Véritables poumons de la Méditerranée, les prairies de Posidonies reculent devant l'expansion humaine, arrachées par les ancres et les bateaux de pêche, étouffées sous les couches de boue. Plus récemment, un intrus exotique introduit accidentellement, la caulerpe, *Caulerpa taxifolia*, utilisée pour décorer les aquariums, vient ajouter au danger. Cette algue couvre et étouffe les herbiers de Posidonie.

En l'espace de quelques générations, l'homme a mis en péril tout ce que la nature avait construit patiemment durant des siècles. Pour protéger *in situ* les animaux, l'esprit méditerranéen n'a trouvé d'autre solution que la création de nouvelles arches de Noé : les réserves et les parcs naturels.

Sans résoudre le problème mais en le déplaçant dans le temps, l'homme espère ainsi conserver une diversité biologique dont il a récemment compris le besoin pour sa propre survie.

Mais une nature qui ne serait faite que pour l'homme, ça n'existe pas!

LES BIOTOPES

Un biotope est un milieu caractérisé par des conditions bien définies auxquelles certains animaux se sont adaptés en formant une communauté naturelle.

Les facteurs qui déterminent un biotope sont la nature du fond, la température et la salinité des eaux, l'ensoleillement et l'hydrodynamisme, la végétation et la profondeur.

Chaque biotope présente ainsi une faune et une flore particulières. Et cela, parce que la lutte pour la conquête de l'espace est synonyme de survie, sous l'eau comme sur terre.

LES CÔTES

Si les côtes rocheuses sont riches en vie, c'est grâce au support stable qu'elles offrent et notamment aux anfractuosités qui abritent et protègent les animaux. En l'espace de quelques mètres seulement, le potentiel de vie subit des changements immenses.

La zone supralittorale reste sèche le plus souvent, arrosée parfois par les vagues d'une mer agitée. Peu d'animaux peuvent donc s'y maintenir en vie. Pourtant, la littorine, *Littorina neritoides*, est caractéristique de cette zone. Ce petit mollusque gastéropode est muni d'un poumon et non pas de branchies comme la plupart des espèces, ce qui lui permet de résister en l'absence d'eau. Il supporte les chaleurs extrêmes et bien sûr une forte salinité lors des mois secs d'été. D'autres animaux survivent grâce à leur agilité. Ainsi, les petites ligies, *Ligia italica*, se protègent des rayons solaires de la journée dans les coins sombres et humides alors qu'elles vont courir sur les rochers dès le coucher du soleil.

Là où les côtes rocheuses sont moins abruptes et sont rongées par l'action érosive des vagues, on trouve des flaques d'eau. La survie n'est guère facile dans ces endroits extrêmes. L'été, les températures grimpent souvent jusqu'à 50°C et provoquent une forte évaporation. La concentration du sel est telle qu'il ne reste parfois plus que des cristaux. L'hiver, l'eau des flaques présente un continuel changement du taux de salinité, généré par la fréquence des vagues et l'eau douce des pluies. La température peut chuter et avoisiner 1°C. Même les animaux euryhalins et eurythermes ont des problèmes. Pourtant, il arrive que des petits blennies y séjournent, protégés par une épaisse couche de mucus, à la recherche de nourriture. Ces poissons peuvent escalader une courte distance hors de l'eau grâce à leurs nageoires pectorales. On découvre plus bas la zone des marées ou zone médiolittorale, parfois pas plus large que 50 centimètres sur les endroits abruptes en raison de l'absence de marées spectaculaires en Méditerranée. Constamment baignée par l'eau, elle offre un support de vie plus commode. Les blennies y viennent souvent, à la fois pour échapper à leurs prédateurs et pour se nourrir de crustacés comme les balanes. Dans les anfractuosités de la roche, les petites crevettes *Palaemon* spp. vivent par dizaines. Elles restent difficiles à distinguer à cause de leur transparence et de leur mimétisme.

Au même endroit, le crabe marbré *Pachygrapsus marmoratus*, va se ravitailler en eau. En effet, ce crustacé transporte une réserve d'eau dans ses cavités branchiales lors de ses déplacements hors de la mer. Il est obligé de la renouveler périodiquement. Recherché par les oiseaux marins, il trouve refuge dans le relief du rocher. D'autres crustacés, les balanes comme *Chthamalus stellatus*, se fixent solidement sur les ro-

Page précédente: Fonds rocheux

Les côtes

ches. Ils sont capables de supporter la chaleur et la sécheresse et on peut les rencontrer aussi sur la zone supérieure.

Dans la partie nord-occidentale de Méditerranée, le médiolittoral est caractérisé par la présence d'une algue encroûtante blanchâtre, appelée «trottoir». Le *Lithophyllum tortuosum* forme parfois une surface d'une dureté impressionnante. Constamment alimenté par les vagues et les rayons solaires, cet endroit représente la cachette idéale pour les animaux de petite taille comme les vers, les anémones de mer, les spongiaires et les poissons.

Plongée dans l'eau en permanence, la zone infralittorale se distingue par la formation d'algues vertes et brunes. Une forte luminosité leur est nécessaire et leur croissance au printemps est spectaculaire. Elles offrent refuge à de jeunes poissons, crustacés et mollusques.

Les côtes méditerranéennes ne sont pas seulement rocheuses. Très apprécié des baigneurs, le sable abrite une faune souterraine hallucinante et microscopique. Le relief des plages évolue constamment avec le sable mobile transporté par les vents. De multiples algues unicellulaires se forment là où la lumière réussit à pénétrer.

Plus en profondeur, les animaux sans yeux s'aventurent dans l'obscurité éternelle. De forme allongée et aplatie pour mieux glisser entre les grains de sable, leur taille est souvent inférieure au millimètre. Munissez-vous d'une loupe pour les observer. Ces minuscules habitants des ténèbres ont une réserve de nourriture inépuisable avec les animaux en décomposition rejetés par les flots.

Quand le sable cède la place aux galets, le scénario est identique mais la faune possède une taille supérieure. Pour résister au ressac, ces animaux pourtant minuscules s'accrochent aux galets grâce à des méthodes fantastiques allant des ventouses jusqu'à la sécrétion de substances collantes.

LES FONDS ROCHEUX

Les fonds rocheux constituent un endroit idéal pour le développement et l'observation de la faune et de la flore sous-marines. Une multitude d'organismes benthiques forme des rassemblements impressionnants sur les façades verticales, les surplombs et même sous les roches.

La taille des roches varie du simple caillou aux blocs extrêmement volumineux. Les premiers sont fréquents près des côtes à faible profondeur. Leur modeste poids les rend très mobiles dans le va-et-vient des vagues ce qui ne facilite pas l'installation d'organismes et les condamne à ne servir que de refuge temporaire à des animaux de passage. Les roches plus volumineuses et plus pesantes sont des bases d'installation recherchées. La face exposée aux rayons solaires est monopolisée par des algues vertes et brunes. Ces organismes épilithes ont besoin de la lumière du jour afin d'effectuer la photosynthèse. Parmi les algues de grande taille, les différentes espèces de cystoseires à l'aspect épineux et de couleur marron, indiquent la propreté de l'eau. Plus il y en a, plus l'eau a des chances d'être propre. Parmi les algues de taille inférieure, la padine, *Padina pavonica*, a l'aspect d'un siphon et forme des bouquets. L'acétabulaire, *Acetabularia acetabulum*, ressemble à un champignon blanc. L'halimède, *Halimeda tuna*, rappelle un cactus miniature.

La concurrence spatiale entre les algues est telle que l'installation d'animaux sessiles devient difficile. Quand il reste un peu d'espace, les hydrozoaires à l'aspect de plumes bâtissent des colonies pour donner ensuite naissance à des formes pélagiques libres, les hydroméduses. Dans la partie orientale, de grandes éponges noires comme *Ircinia* sp, partagent les mêmes étages. Une faune vagile telle que des mollusques opisthobranches, des vers, de petits crustacés ou de jeunes poissons, trouvent un site idéal dans les forêts d'algues. Non seulement ils s'y nourrissent, mais ils s'y réfugient en cas d'agression. Les oursins aiment les surfaces rocheuses. Ces échinodermes redoutables pour le baigneur sont fréquemment rencontrés dès le premier mètre. Leur test est aplati afin de résister à l'hydrodynamisme des modes battus. Leurs épines jouent le rôle de défenseur mais aussi de piège pour les grosses particules nutritives ainsi que d'organe sensoriel. Des deux espèces courantes, seul *Paracentrotus lividus* fournira les oeufs tant appréciés des gourmands.

Les fonds couverts de roches possèdent une particularité qui échappe souvent à l'observation. Ce sont les nombreux organismes hypolithes abrités sous la face inférieure des pierres de bonne taille. Certains sont sessiles comme les vers tubicoles *Mercierella enigmatica* qui forment de véritables labyrinthes comme les algues encroûtantes et les bryozoaires tels que les Schizoporelles et les Lichénopores rouges, roses et blancs. On peut trouver également quelques spécimens d'éponges et d'ascidies comme les Botrylles. D'autres animaux sont vagiles, tel le ver-de-feu, *Hermodice carunculata*, qui pendant sa période de frai, peut former des rassemblements importants. On le trouve uniquement dans la partie orientale du bassin et paradoxalement, aux Antilles. Les ophiures, êtres photophobes à forme d'étoiles de mer et aux bras filiformes, grouillent sous les pierres et retourneront à l'ombre avec une agilité surprenante en cas de dérangement. Les crustacés de petite taille, crabes et crevettes, partagent aussi les coins sombres en quête de sécurité ainsi que la porcellane grise, *Porcellana platycheles* ou les pagures dans leur coquillage de gastéropode. Du côté des mollusques, les opisthobranches visitent également ces endroits des ténèbres à la recherche de bryozoaires ou autre nourriture. On trouve fréquemment les chitons, *Chiton olivaceus* et les haliotides, *Haliotis lamellosa* et *tuberculata*. Une fois morts, ces mollusques auriformes laisseront paraître l'intérieur de leur coquille couvert d'une épaisse couche de nacre. Le lepadogaster s'ancre en dessous des pierres à l'aide d'une ventouse. Ce poisson à l'allure de têtard a l'habitude de vivre à l'envers. Il n'est pas si rare qu'on le croit.

L'orientation et la morphologie de la surface rocheuse sont des paramètres essentiels pour la colonisation. D'une manière générale, les parois verticales au nord sont plus riches que celles du sud. Les surplombs abrités de la lumière favorisent le développement d'une faune sciaphile. Les éponges comme la rouge *Crambe crambe* ou la rose *Hemimycale columella*, tapissent les surfaces de leurs formes encroûtantes. Les algues rouges ou rhodophytes se contentent des radiations vertes et possèdent un thalle minéralisé formant de minces lamelles dures comparables à certains coraux tropicaux. Ces derniers ne bâtissent pas de constructions impressionnantes en Méditerranée, mais ils restent très attractifs quant à leurs formes et à leurs couleurs. Le corail solitaire jaune par exemple, *Leptosammia pruvoti*, compose une véritable mosaïque sur les parois ombragées. Dans leur tube calcaire, les vers polychètes sédentaires tel que le protule, *Protula intestinum*, laissent paraître leur panache tentaculaire vivement coloré. Ils voisinent fréquemment avec les anémones encroûtantes coloniales, *Parazoanthus axinellae*, à l'ouest de la Méditerranée.

Les ascidies sont des animaux considérés, avec les céphalopodes, comme les plus évolués des invertébrés. Isolés ou coloniaux, ils filtrent l'eau sans cesse, attachés sur les roches ou même sur les grands bivalves tels que la nacre *Pinna nobilis*. Les violets appartiennent à cette classe et subissent un sort identique à celui de nombreux animaux comestibles : la raréfication.

Les bryozoaires, organismes coloniaux constructeurs de formes proches du corail, se présentent sous des aspects diversifiés : encroûtants, dentelés ou ramifiés comme pour le faux corail, *Myriapora truncata*, confondu régulièrement par les plongeurs avec le corail rouge.

Les mollusques comme les porcelaines et les buccins chassent la nuit. Pendant la journée, ils restent coincés dans les anfractuosités du rocher alors que d'autres s'activent, à l'exemple des spondyles. Soudés sur la roche avec l'une de leurs valves, ces derniers débarrassent l'eau du plancton. Les nudibranches multicolores broutent algues, éponges et hydrozoaires.

Sur les façades exposées au soleil et aux vagues, la vie est différente. Une faune adaptée peut se maintenir. Ainsi, les patelles ou arapèdes se sont aplaties pour offrir la moindre résistance possible. Les anémones de mer comme l'anémone verte *Anemonia viridis* et l'actinie rouge *Actinia equina*, affrontent les vagues grâce à leur souplesse, en laissant aller leurs tentacules au gré du courant. Les éponges de ce substrat sont elles aussi extrêmement aplaties et encroûtantes. Une algue fascinante en forme de tâche noire, *Ralfsia verrucosa*, décore les parois en noir et blanc.

Les fonds coralligènes se situent plus profondément, vers 40 mètres, là où l'hydrodynamisme et la luminosité se font moins sentir. Il s'agit d'éboulis fixés par les sécrétions calcaires d'animaux tels que coraux, bryozoaires et vers tubicoles.

L'accumulation progresse avec l'installation de nouveaux organismes. Le paysage est ainsi dominé par de splendides formations de gorgones, d'alcyonaires et des poissons planctonophages comme les castagnoles, les bogues et l'anthias qui se fait rare dans la partie est du bassin. En outre, ces surfaces poreuses proposent un habitat de rêve aux animaux troglodytes.

N'oublions pas que ce biotope rocheux est aussi l'hôte de la plupart des poissons benthiques. Ils s'y reproduisent, s'y nourrissent, y habitent et s'y cachent en cas d'agression.

Du haut en bas, tous les étages sont occupés. Au nïveau supérieur, les blennies et les gobies comme *Parablennius zvonimiri* et *Gobius paganellus*, se logent dans les trous créés pas les dattes de mer. Plus bas, les tripterygions, *Tripterygion tripteronotus* et *xanthosoma*, sont territoriaux et n'hésitent pas à combattre l'intrus.

Encore plus profond, les rascasses se confondent avec le paysage grâce à leur immobilité et leur homochromie fascinantes. D'autres poissons évoluent autour des roches : les serrans, les mérous, les murènes, les sars, les corbs et les labres offrent un spectacle vivant. Au moins là où la pêche ne les a pas décimés.

LES PRAIRIES

Les prairies marines constituent des paysages prédominants tout au long des côtes méditerranéennes, de la surface jusqu'à environ 40 mètres de profondeur. L'espèce constructrice de cet écosystème particulièrement important pour la vie sous-marine, n'est pas une algue mais une plante à fleurs ou phanérogame. Retournée dans l'eau il y a quelques 120 millions d'années à l'époque des dinosaures, elle a préservé les caractéristiques de son passage terrestre : des fleurs, du pollen, des graines, des feuilles et des racines. L'espèce la plus grande et la plus importante est la Posidonie, *Posidonia oceanica*. Il existe 4 autres phanérogames en Méditerranée dont une, *Halophila stipulacea*, originaire de la Mer Rouge et de l'Océan Indien a fait récemment son apparition dans la partie orientale de Méditerranée. Seulement 54 espèces de phanérogames ont été recensées jusqu'à présent dans les mers du globe, alors que le nombre d'algues avoisine les 1.500 espèces rien qu'en Méditerranée.

La Posidonie fleurit chaque année, uniquement dans les parties chaudes de Méditerranée. Dans le bassin nord occidental, elle ne fleurit que chaque deux ans environ. Ses fleurs hermaphrodites de couleur verte sont difficiles à distinguer et produisent des fruits de la taille et de la forme d'une olive. Mais la dispersion se fait principalement par bouturage.

De manière générale, les feuilles minces de la Posidonie ne dépassent pas 1 mètre de longueur. Les faisceaux de 5 à 8 feuilles rubanées sont dressés sur les rhizomes. Leur croissance horizontale et verticale atteint quelques centimètres par an et les feuilles mortes mélangées au sédiment forment les «mattes» qui au cours du temps relèvent le niveau du fond. Chaque année vers l'automne, des feuilles mortes, sous l'effet du ressac, sont rejetées sur les plages où elles forment des dépôts impressionnants, les «banquettes».

Prairie

On ne pourrait imaginer les fonds méditerranéens sans la Posidonie. A peu près 80% des espèces littorales basent leur survie sur ces prairies marines. Dans les eaux chaudes à faible profondeur, 1 m^2 sous une forte luminosité peut produire jusqu'à 14 litres d'oxygène par jour!

Outre la matière organique, la surface des feuilles offre un support idéal à la plupart des organismes épiphytes, c'est-à-dire bryozoaires, hydrozoaires, vers et spongiaires. Pour des milliers d'espèces, les prairies de Posidonie jouent le rôle de nurserie.

Par contre, peu d'animaux se nourrissent directement de la plante. L'oursin est un de ses consommateurs. *Paracentrotus lividus* grimpe sur le feuillage afin de le brouter tandis que l'oursin violet *Sphaerechinus granularis* se contente des rhizomes. On compte, parmi les quelques 70 espèces de poissons vivant près de la Posidonie, un mangeur occasionnel de la plante, la saupe, *Sarpa salpa*. D'autres poissons comme les sars, broutent sur les feuilles en se contentant de la consommation d'animaux épiphytes. La grande majorité des poissons habitant les prairies est donc carnivore. Ils se nourrissent de crustacés, de vers et de mollusques.

Un autre poisson, l'hippocampe, tend à se raréfier dans la partie occidentale à cause de la destruction des herbiers littoraux. En dépit des apparences, la Posidonie est une plante fragile. Contrairement à d'autres espèces de phanérogames qui peuvent pousser dans des eaux saumâtres, elle exige une qualité d'eau claire et un sol riche en substances nutritives. Or, la Posidonie recule devant l'homme : l'activité côtière intense, le bétonnement des côtes, la construction des ports qui modifie l'hydrodynamisme, la pollution d'origine tellurique en particulier dans la partie orientale, les pêcheurs avec leurs engins traînants comme en Espagne ou en Italie, arrachant toute vie sur leur passage, les bateaux de plaisance et leurs ancres, sont quelques unes des causes de mort de la Posidonie. Sur la Côte d'Azur, on observe la régression de l'herbier en profondeur.

Aujourd'hui, nous sommes encore loin d'une solution pouvant stopper la mort des forêts de Poséidon.

LES HABITANTS DU DÉSERT

Les fonds sableux peuvent être perçus comme les déserts des mers. A l'image des déserts terrestres, ils cachent une multitude d'animaux qui bien souvent passent inaperçus. Chacun d'entre eux possède sa propre méthode de camouflage, garantie de sa survie dans cet univers difficile puisque sans abris.

A tort, une grande partie des plongeurs sous-estiment les fonds sableux qui leur paraissent peu spectaculaires. En fait, si l'on observe la quantité de plancton vivant ou mort déposée sur le fond on devine aisément le potentiel de nourriture qu'il représente. Et qui parle de nourriture, parle de vie.

De nombreux animaux sous-marins basent la survie de leur espèce sur les substances nutritives qui se déposent ou flottent près des fonds sableux.

Véritable nettoyeur du fond, le concombre de mer est un détritivore qui avale sans arrêt du sable et avec, la nourriture indispensable à sa survie. Les plus courants sont *Holothuria stellati* et *Holothuria forskåli*, comparables à de gros concombres de couleur marron-noir. Ces derniers, très sensibles aux menaces extérieures, libèrent des filaments blancs qui en se solidifiant forment un filet destiné à paralyser l'agresseur. Certaines anémones de mer utilisent aussi cette technique en libérant les aconties. *Spatangus purpureus* est un oursin vivant enfoui dans le sable. Il se nourrit de détritus et se déterre seulement la nuit. Les plongeurs auront donc quelques difficultés à le repérer pendant la journée, si ce n'est grâce à ses traces visibles sur le fond. Il est pourtant plus fréquent de trouver son squelette blanc et extrêmement fragile.

Certaines espèces de crabes et de pagures viennent dévorer les cadavres des poissons morts rejetés des filets par les pêcheurs. Parmi eux, le bernard-l'ermite *Dardanus arrosor* habite les vieux coquillages des mollusques gastéropodes afin de se protéger et de se déplacer en toute sécurité avec les anémones symbiotiques *Calliactis parasitica* fixées sur le coquillage. Un crabe très courant, *Macropipus depurator* s'enfouit dans le sable à l'aide de ses deux dernières pattes en forme de palmes.

Le crabe *Calappa granulata* réside plutôt dans les grandes profondeurs mais il est parfois ramené à la surface dans les filets de pêche. Sans valeur commerciale, il est rejeté : commence alors pour lui une lutte de survie dans un monde nouveau.

Les crevettes habitent aussi les fonds sableux. La crevette grise du marché, *Crangon crangon*, réside à faible profondeur et s'enfouit dans le sable pendant la journée. La langoustine *Nephrops norvegicus* vit plus profondément, entre 40 et 200 mètres.

D'autres espèces aiment tant les fonds sableux qu'elles s'y fixent définitivement. Appelé ver sans en posséder l'aspect, la Sabelle construit un tube mou d'où jaillit son panache tentaculaire lui servant à capturer les substances nutritives. *Sabella pavonina* ouvre ainsi un joli «parapluie» coloré très sensible qui se rétracte à la moindre alerte. Son approche en phase de nutrition demande donc beaucoup de patience et d'habileté. Ces animaux ne se déplacent jamais. Les bivalves comme les praires ou les coques sont des coquillages vivant près des plages, difficiles à distinguer. Bien à l'abri dans le sable, ils filtrent l'eau et se nourrissent de plancton.

Plus 'visible , la nacre *Pinna nobilis* est un coquillage fixé sur le fond à l'aide de son byssus, filaments fins et dorés très appréciés jadis pour fabriquer des tissus. Elle peut atteindre 1 mètre de longueur mais se raréfie en raison d'une pêche intense et incontrôlée. Elle reste abondante dans certaines parties du bassin oriental.

Toutes les techniques de camouflage et les systèmes de défense décrits jusqu'ici ne répondent qu'à un but précis : échapper aux ennemis naturels. Les prédateurs bouclent ainsi la chaîne alimentaire. Les plongeurs ignorent souvent que les coquillages peuvent être carni-

Fonds sableux, désert sous-marin

vores et se comporter comme de vrais prédateurs.

Le murex, *Murex brandaris,* bien connu dans l'Antiquité pour sa teinture pourpre, chasse les coquillages plus passifs qui se contentent de filtrer l'eau. Sa technique paraît sortie d'un film de science-fiction. Il commence par ouvrir un trou minuscule sur la partie supérieure de sa victime. Il y injecte ensuite des sucs digestifs puis aspire l'animal quasiment prédigéré! Sachez qu'un murex «expérimenté» sait, selon le coquillage-victime, à quel endroit pratiquer le trou. Vous pouvez facilement l'observer sur les coquillages que vous trouvez. Les combats existent aussi entre deux coquillages carnivores et le plus volumineux gagne souvent.

La grande étoile de mer reste l'un des plus redoutables chasseurs des sables. *Astropecten aurantiacus* peut atteindre 50 centimètres de long. Enfouie toute la journée dans le fond, elle sort la nuit tombée à la recherche des oursins ou des coquillages qu'elle avale à l'aide de ses bras.

Les poissons, prédateurs évolués, fréquentent également les déserts aquatiques. Leur corps a subi des modifications afin de mieux exploiter les richesses alimentaires de ce biotope. La sole, *Solea vulgaris* ou le turbot, *Psetta maxima*, possèdent un corps asymétrique et plat. Ils sont couchés sur un côté, droit ou gauche, tandis qu'un oeil migre sur la face supérieure pour assurer un champ de vision plus large. Les yeux globuleux jouent le rôle de périscope lorsque l'animal est enfoui dans le sable.

Parmi les prédateurs aplatis utilisant le même mode de camouflage, citons les raies et les torpilles. Poissons chondrichthyens, les premières sont équipées d'un ou de deux dards couverts d'une fine membrane venimeuse à l'attention de l'ennemie.

De leur côté, les torpilles *Torpedo torpedo* et *Torpedo marmorata* sont capables de provoquer des décharges électriques pouvant atteindre 50 volts afin d'étourdir leur proie ou de faire changer d'avis à leur prédateur. Certains poissons ostéichthyens comme la vive, *Trachinus draco,* ont recours à la même tactique. Elle guette ses proies dissimulée sur le fond en attendant d'attaquer. Poser le pied dessus malencontreusement engendre des douleurs intenses. Il en existe quatre espèces en Méditerranée.

D'autres poissons ne se contentent pas d'attendre une éventuelle proie mais tentent de l'attirer à eux. Ils utilisent un appât, en réalité un leurre faisant partie intégrante de leur corps. Enfoui dans le sable, l'uranoscope, *Uranoscopus scaber*, ne laisse apparaître de lui-même qu'une membrane buccale semblable à un ver. Un poisson, curieux et appâté, finira bientôt dans l'estomac du perfide uranoscope. La lotte, *Lophius piscatorius*, tant appréciée des gourmets, utilise la même technique avec un leurre placé sur la tête.

D'autres poissons montrent des moeurs plus pacifiques. Le rouget, *Mullus surmuletus*, creuse simplement le sable pour déterrer crabes et vers. Il s'aide de ses barbillons mentonniers. Les grondins ou poissons volants se nourrissent de la même manière. Leurs nageoires pectorales extrêmement développées leur ont donné leur nom et ils n'hésitent pas à les ouvrir comme des éventails pour effrayer l'adversaire. Il existe le grondin rayé, *Trigloporus lastoviza* et le grondin volant, *Dactylopterus volitans* plus fréquent à l'ouest du bassin méditerranéen et dans les mers tropicales.

Au printemps et à l'automne, une multitude de jeunes poissons rejoignent les faibles profondeurs pour trouver de quoi manger. C'est l'occasion de les rencontrer car, l'hiver venu, les petits dentis, *Dentex dentex*, ou les dorades royales, *Sparus aurata,* retourneront vers les grands fonds. Et qui aura l'aplomb de dire qu'il n'y a rien à voir sur les fonds sableux?

LES GROTTES SOUS-MARINES

Si les grottes sous-marines abritent une faune originale, c'est en raison des conditions particulières qui y règnent. En effet, les paramètres déterminants de ce biotope sont ceux rencontrés d'habitude dans la zone bathypélagique. Au plus profond des grottes, l'obscurité est totale, les courants inexistants, la température change peu au cours des saisons et la nourriture se fait rare. La lumière est sans doute le facteur abiotique le plus important. D'ailleurs, les variations observées de l'entrée jusqu'au fond des cavernes sont fascinantes.

A l'ouverture, la luminosité ambiante permet la croissance des algues rouges qui absorbent les radiations vertes. Ce sont les *Lithophyllum, Lithothamnion* et *Peyssonnelia* qui décorent les parois.

Les animaux sciaphiles trouvent l'endroit idéal. Les bryozoaires, les coraux et les anémones encroûtantes s'accrochent au plafond. Les dernières laissent couler une partie de leurs tissus afin de développer par ces fragments de nouvelles colonies. Cette tactique de reproduction asexuée est utilisée chez certaines éponges cavernicoles comme *Chondrosia reniformis.*

Toute cette faune se fixe en général sur les parois et les plafonds parce qu'elle déteste le sédiment déposé sur le fond. Ceci est valable pour le corail rouge, *Corallium rubrum*, rencontré dans les eaux profondes mais aussi dans les grottes sous-marines près de la surface, notamment dans la partie occidentale de Méditerranée.

Les crustacés aiment la pénombre. La langouste, *Palinurus elephas*, la cigale de mer, *Scyllarus arctus*, occupent les fentes des parois au plafond. Les crevettes bouquet, *Palaemon serratus*, restent accrochées sur les surfaces rocheuses. Dans la partie orientale, les magnifiques crevettes *Stenopus spinosus* et *Gnathophyllum elegans* peuvent être observées la nuit tandis qu'elles se cachent pendant la journée, en dépit des conditions de pénombre.

Les cavernes constituent un refuge idéal et temporaire pour les poissons diurnes. Les mulets *Mugil cephalus*, les loups *Dicentrarchus labrax* ou même les daurades royales *Sparus aurata*, pénètrent souvent assez loin à l'intérieur.

Les poissons nocturnes trouvent l'endroit calme et abrité des rayons solaires en attendant la nuit. Les corbs *Sciaena umbra*, forment de petits groupes à l'entrée de la cavité. Rouge vif, les apogons *Apogon imberbis,* nagent en groupes. Les Congres *Conger conger* ou les mostelles brunes *Phycis phycis*, évoluent à l'intérieur des fentes sombres et leur caractère curieux les pousse à observer les plongeurs intrus.

A proximité de l'entrée, des poissons plus petits et plus difficiles à distinguer comme le blennie *Lipophrys nigriceps* ou le gobie de Steinitz, *Gammogobius steinitzi*, chassent les crustacés. Le dernier, considéré comme rare il y a quelques années encore, habite les cavernes sombres. Vous le distinguerez avec un peu d'attention. En s'enfonçant plus avant, là où les oxydes métalliques noircissent les parois de la grotte habitée seulement par certains vers tubicoles, on découvre un poisson bleuâtre qui ne dépasse pas 12 centimètres. *Oligopus ater* appartient à la famille des Bythydidés et fréquente normalement les profondeurs de plus de 500 mètres. Voici l'illustration vivante des conditions abyssales qui règnent dans les grottes sous-marines.

LE GRAND LARGE

En pleine eau, pas d'abri! Les animaux vivant dans ce biotope sont donc obligés d'adopter des techniques de camouflage pour assurer leur survie.

Presque indécelables à l'oeil nu, les formes de plancton sont parmi les plus petits organismes. Le zooplancton et le phytoplancton, respectivement formes animales et végétales, sont consommés par les poissons comme les sardines, *Sardina pilchardus*, qui, pendant la journée, fréquentent la zone des 50 mètres et remontent à la surface pour leur dîner. Les anchois, les chinchards ou les athérines se nourrissent aussi de plancton.

Près de la surface vivent les poissons volants, *Exocoetus volitans* et les orphies, *Belone belone*. Leur chromatisme est adapté au biotope. En effet, leur dos vert-bleu les rend invisibles pour les oiseaux marins et leur ventre argenté les fait confondre avec les reflets de la surface en les dissimulant aux prédateurs venus des profondeurs. Autres poissons du domaine pélagique, les thons, les maquereaux et les espadons adoptent les mêmes techniques de camouflage.

Les poissons volants ou exocets sont capables de bondir à plus de 100 mètres. Pendant la nuit, ils atterrissent régulièrement sur les bateaux des pêcheurs, attirés par la lumière. Leurs nageoires pectorales extrêmement développées leur permettent d'effectuer des vols planés, sans battre l'air. Cette tactique destinée à échapper aux prédateurs les rend facilement repérables pour les oiseaux marins. Les orphies, au corps cylindrique très allongé, sont d'excellentes nageuses et chassent les poissons près de la surface. Elles effectuent également des bonds et peuvent même se maintenir sur la queue en glissant sur la surface de l'eau en cas d'agression.

Au large, tout objet flottant peut servir de refuge, un simple morceau de bois ou un vulgaire sac en plastique. Ils hébergent surtout les poissons juvéniles et plus couramment de jeunes sérioles, *Seriola dumerili* ou des chinchards, *Trachurus trachurus*. Moins fréquemment, les balistes utilisent parfois le même abri. Les méduses pélagiques jouent aussi ce rôle d'hôte pour les poissons : *Cotylorhiza tuberculata,* fréquente l'été en mer Egée et *Rhizostoma pulmo,* à l'ouest de la Méditerranée. Par contre, les siphonophores comme la physalie, *Physalia physalis*, sont très urticants et de ce fait, n'abritent pas de faune.

Les poissons-lunes ou molidés sont des animaux aux formes singulières. *Mola mola* peut atteindre 3 mètres pour 2 tonnes! On le rencontre ainsi que *Ranzania laevis*, un bref instant près de la surface avant qu'il ne se laisse glisser dans les profondeurs.

Fascinants, les requins et les dauphins habitent le grand large. Les premiers comptent 13 espèces pélagiques en Méditerranée mais restent peu dangereux en raison de leur faible nombre et de leur manque de curiosité envers les plongeurs. Les dauphins ne sont rencontrés que rarement. Il existe plusieurs espèces de ces animaux sympathiques mais 3 sont plus fréquentes : le dauphin commun, *Delphinus delphis*, le grand dauphin, *Tursiops truncatus* et le dauphin blanc-bleu, *Stenella coeruleoalba.*

Animal de haute mer, la tortue *Caretta caretta* est menacée d'extinction à cause des captures nombreuses et du manque de plages tranquilles pour sa ponte. D'autres espèces fréquentent la Méditerranée comme la tortue luth *Dermochelys coriacea* avec sa carapace constituée d'un cuir dur et noirâtre et la tortue verte *Chelonia mydas,* menacées dans toutes les mers du globe.

LA FAUNE ET LA FLORE

LES ALGUES

Négligées par les plongeurs, les algues ont un rôle essentiel dans les réseaux trophiques marins. Utiles aussi dans l'industrie moderne, leurs propriétés gélifiantes entrent dans la composition du dentifrice, des produits de beauté, des glaces, des desserts ou du papier.

Il existe des algues unicellulaires, benthiques ou pélagiques invisibles à l'œil nu ainsi que des algues pluricellulaires relativement plus faciles à observer et abordées dans ce chapitre. Leurs formes varient énormément. Les algues filamenteuses comme *Acetabularia acetabulum* possèdent un thalle comportant une seule cellule géante. Les algues comprimées sont caractérisées par un thalle mince presque transparent comme *Dictyota dichotoma* et *Ulva rigida*. Les algues creuses cérébelliformes comme *Colpomenia sinuosa*, les algues cylindriques et ramifiées comme les cystoseires, les algues rubanées comme *Caulerpa prolifera* qui comprend des espèces très diversifiées, les algues encroûtantes fixées sur les roches en eaux peu profondes comme *Ralfsia verrucosa*, sont autant de variations du végétal. Quant aux algues calcifiées, certaines peuvent conserver une flexibilité comme *Halimeda tuna* alors que d'autres ont l'aspect d'un corail avec un thalle fortement minéralisé. Celles-ci peuvent encore présenter des formes lamellées comme *Peyssonnelia squamaria* ou dichotomes comme *Jania rubens*.

On compte trois groupes importants d'algues-marines : les Chlorophytes appelées algues vertes à cause de leur couleur dont certaines peuvent virer au jaune sous un rayonnement solaire à faible profondeur et présentes en majorité dans les mers relativement chaudes. Les Fucophycées ou algues brunes qui comprennent une vaste partie des algues, bien distribuées dans toutes les mers du globe et utilisées fréquemment dans l'industrie. Et les Rhodophytes ou algues rouges, extrêmement attractives et intéressantes par leur aspect et leurs formes. Leur coloration étant variable même au sein d'une seule espèce, l'identification devient souvent un véritable casse-tête.

La distribution des algues n'est pas le fait du hasard. Condition sine qua non, la lumière permet d'effectuer la photosynthèse. L'eau marine est un élément absorbant des radiations lumineuses. C'est pourquoi les Chlorophytes qui ont besoin des radiations rouges sont fréquentes dans les premiers mètres, tandis que les Rhodophytes vivent plus profondément, là où les seules radiations vertes peuvent pénétrer. Il n'est pourtant pas rare d'observer l'inverse. Cela s'explique parce que la distribution bathymétrique des algues n'est pas simplement proportionnelle à la fréquence des radiations mais à la quantité nécessaire à leur propre espèce afin d'effectuer les manipulations métaboliques. D'autres paramètres sont importants. Une température élevée combinée à un fort rayonnement solaire, par exemple, peuvent provoquer un développement soudain des algues eurythermes. Les changements dus aux saisons, les pluies et le soleil en particulier, ne sont pas tolérés par les algues sténothermes. La salinité des eaux agit de la même façon. Près de la surface où ses changements sont fréquents, se maintiendront les euryhalins alors que les sténohalins seront condamnés à reculer vers les profondeurs. La majorité des algues étant obligée de se fixer, le substrat choisi est important. Elles utilisent ainsi des rochers, des fonds de gravier, d'autres algues ou même l'intérieur de certains animaux. Pour finir, l'hydrodynamisme provoque des arrachements non appréciés des algues et détermine de cette façon leur présence comme leur absence sur un endroit.

Page précédente :
Octopus vulgaris et *Crambe crambe*

Acetabularia acetabulum

Algue verte habitant des faibles profondeurs. On la trouve toute l'année fixée sur les roches. L'ombrelle qui la rend aisément reconnaissable apparaît au printemps et contient les organes reproducteurs. En hiver, l'algue est réduite à l'état de pédicelle.

Se rencontre en Méditerranée et aux Canaries.

A noter : présente un grand intérêt pour les biologistes étudiant les interactions cellulaires.

Espèces similaires : *A. parvula*, plus petite, sciaphile et d'aspect verdâtre. N'est pas présente en mer Egée ni dans l'Adriatique.

Caulerpa prolifera

Algue verte thermophile qui ressemble aux phanérogames marines. On la rencontre toute l'année sur les fonds sablo-vaseux jusqu'à 15-20 m, souvent en association avec *P. oceanica*. Les frondes lisses sont basées sur des stolons.

On la trouve en Méditerranée surtout dans sa partie orientale, aux Caraïbes et aux Canaries.

A noter : ne pas confondre avec *Halophila stipulacea*, plante phanérogame marine originaire de la Mer Rouge et fréquente dans le bassin oriental de Méditerranée.

Espèces similaires : *C. taxifolia* à l'aspect de plume et originaire des mers tropicales, acclimatée accidentellement aux côtes françaises qui présente une menace pour l'écosystème méditerranéen. *C. scalpelliformis* et *C. mexicana* présents à l'extrémité orientale du bassin, aux frondes pénées.

Padina pavonica

Algue brune à l'aspect de siphon. Photophile, elle habite les faibles profondeurs jusqu'à 20 m. On la trouve toute l'année mais son développement s'accroît pendant les mois d'été.

Présente en Méditerranée, en Mer Noire et au nord, à l'est et à l'ouest de l'Atlantique.

A noter : apparaît à des profondeurs plus importantes dans le bassin oriental.

Dictyota dichotoma

Algue brune caractérisée par son thalle à l'extrémité dichotomée, d'où son appellation. On la rencontre au printemps et à l'automne, généralement à faibles profondeurs et peut descendre jusqu'à 30 m environ.

Présente en Méditerranée, au nord de l'Atlantique, en Mer Rouge et dans l'Océan Indien.

A noter : les frondes présentent une iridescence bleutée visible uniquement sous l'eau aux endroits ombragés.

Espèces similaires : deux variétés au sein de la même espèce, *intricata* et *dichotoma*, la première à l'aspect entremêlé.

Zonaria flava

Algue brune à l'aspect foliacé caractérisée par la présence de stries (zones), d'où son nom. Sciaphile, on la trouve dès la surface jusqu'à 40 m de profondeur.

Présente en Méditerranée, sauf en Adriatique ainsi qu'au nord de l'Atlantique.

A noter : ne pas confondre avec *Padina pavonica*.

Colpomenia sinuosa

Algue brune cérébelliforme, de consistance dure mais creuse, couverte de poils fins presque invisibles. On la rencontre toute l'année aux endroits calmes près de la surface car il s'agit d'une espèce photophile.

Présente dans toutes les mers tempérées et tropicales du globe terrestre.

Espèces similaires : *C. peregrina*, avec une répartition géographique plus stricte : France, Espagne, Sicile et Naples.

Cystoseira sp.

Ce genre est particulièrement bien distribué en Méditerranée, de la surface à 100 m de profondeur. Ce sont des algues qui perdent leurs rameaux, tout comme certains arbres terrestres leurs feuilles. La saison hivernale terminée, elles forment des touffes qui peuvent dépasser hors de l'eau. Certaines espèces atteignent ainsi une longévité de 19 ans!

A noter : l'identification exacte ne peut se faire avec certitude qu'après une étude complexe.

Espèces similaires : *C. barbata, C. mediterranea, C. caespitosa, C. balearica* pour ne citer qu'elles.

Phyllophora sp.

Les algues rouges de ce genre sont caractérisées par des frondes lamellées et divisées, d'où leur appellation signifiant«porteur de feuilles». Elles habitent les endroits ombragés, grottes, failles et surplombs, de la surface à 40 m de profondeur.

Leur distribution n'est guère régulière, au sein même de la Méditerranée.

A noter : l'identification exacte de l'espèce ne peut se faire avec certitude qu'après examination détaillée.

Espèces similaires : *P. nervosa, P. sicula, P. heredia,* pour n'en citer que quelques unes.

Asparagopsis armata

Algue rouge originaire d'Australie et de Nouvelle-Zélande acclimatée en Méditerranée pendant les années 20. La couleur rose de ses thalles touffus la rend facilement reconnaissable. Relativement photophile, on la trouve sur la zone infralittorale, en hiver et au printemps.

Distribution géographique assez vaste : Méditerranée, Atlantique nord-est, Indo-Pacifique, Mer Noire.

A noter : peut se comporter comme épiphyte.

Espèces similaires : la forme *Falkenbergia rufolanosa* présente toute l'année dans l'ensemble du bassin.

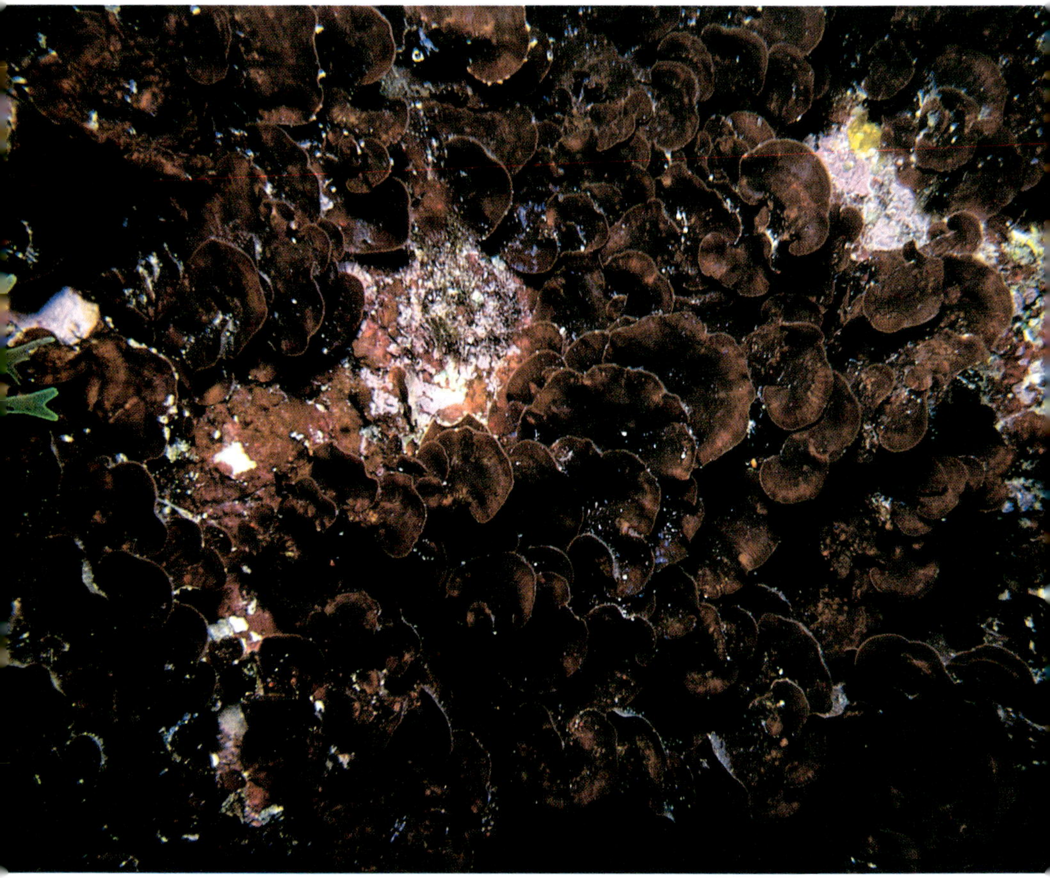

Peyssonnelia squamaria

Algue rouge encroûtante aux thalles légèrement calcifiés qui la rendent rigide au toucher. Elle forme des plaques en lamelles qui peuvent couvrir plusieurs mètres carré. Sciaphile, on la rencontre aux endroits ombragés, de la surface jusqu'à 60 m de profondeur. Elle sert souvent de base aux organismes épiphytes.

Présente dans une vaste partie du globe.

A noter : ne pas confondre les algues de ce genre avec les corallinacées de couleur rouge foncé et de calcification importante rappelant certains coraux. Sa couleur peut virer au jaune sous une forte luminosité.

Espèces similaires : une quinzaine existe en Méditerranée, difficiles à distinguer les unes des autres, dont *P. atropurpurea* à la surface parfois ondulée et de couleur rouge foncé ou orangé.

Fosliella farinosa

Algue rouge encroûtante de faibles dimensions. Elle se comporte souvent comme épiphyte sur les feuilles de *Posidonia oceanica* ou d'algues comme *Halimeda tuna*. Photophile, on la rencontre de la surface à une quarantaine de mètres.

Espèces similaires : *F. lejolisii*.

Amphiroa rigida

Algue rouge, corallinacée, de consistance dure en raison d'une forte calcification et caractérisée par une dichotomie régulière. On la trouve toute l'année aux endroits semi-ombragés, de la surface à 15 m de profondeur.

Présente en Méditerranée et en Atlantique-est.

Espèces similaires : l'espèce la plus proche est *A. cryptarthrodia*, aux articles plus fins et rencontrée plus profondément, jusqu'à 30 m environ. *A. verruculosa* est plus petite et se fixe sur les algues du genre *Pseudolithophyllum*.

Cymodocea nodosa

Plante phanérogame comme *P. oceanica*, elle atteint des dimensions plus modestes, jusqu'à 40 cm de long. Photophile, on ne la rencontre pas plus profondément que 10 m.

Présente toute l'année, sa distribution dépasse les frontières méditerranéennes, allant jusqu'au nord-est de l'Atlantique.

Espèces similaires : les phanérogames du genre *Zostera, Z. noltii* et *Z. marina* sont ressemblantes. La première est plus mince et plus courte. La seconde atteint parfois 120 cm de long à une profondeur d'environ 2 m.

Ci-contre:

Posidonia oceanica

Il ne s'agit pas d'une algue mais d'une plante phanérogame, c'est-à-dire d'une plante à racines, fleurs et fruits, retournée il y a quelques millions d'années à la mer. Véritable poumon de la Méditerranée, elle régénère sa masse en oxygène et offre un support idéal à des milliers d'espèces littorales. En automne, elle présente des fleurs de couleur verte, difficiles à distinguer. Les feuilles mortes sont rejetées en automne et en hiver sur les plages où elles forment peu à peu des banquettes.

Espèce endémique de Méditerranée, elle est menacée de nos jours.

A noter : ne pas confondre avec l'espèce suivante, *Cymodocea nodosa,* en la prenant pour de jeunes *P. oceanica.*

LES ÉPONGES

Organismes pluricellulaires primitifs, les éponges sont présentes à toutes profondeurs en eau douce et en eau de mer avec des formes et des couleurs très diversifiées. Ces animaux ne possèdent pas d'organes sensoriels. Ils n'ont pas d'unités fonctionnelles car leur cellules, au lieu d'être groupées en tissus, restent en amas. C'est pourquoi ils s'étendent dans toutes les directions. Ainsi, deux éponges d'espèces similaires pourront fusionner, de même qu'une partie coupée sera capable de continuer à vivre.

L'éponge-type a la forme d'un sac à la surface extérieure couverte de pores invisibles à l'œil nu qui filtrent l'eau en la débarrassant des grosses particules et des salissures. Un pore plus volumineux appelé oscule rejette l'eau après utilisation. L'eau filtrée arrive dans une cavité centrale : l'atrium. Ses parois sont tapissées de cellules munies de flagelles dont le mouvement continuel fait circuler l'eau à travers l'éponge. Hormis leur rôle de pompe, ces cellules nommées choanocytes (en Grec, *choane* signifie entonnoir) capturent les substances nutritives et notamment les algues unicellulaires. Mais l'oxygénation ainsi que la distribution de la nourriture sont confiées à d'autres cellules, libres, appelées amoebocytes qui circulent à l'intérieur des parois. Chez certaines éponges, elles peuvent sécréter la spongine qui donne les éponges de salle de bain. D'autres cellules spécialisées fabriquent des aiguilles de silice ou de calcium et créent ainsi une forme de squelette qui rend l'éponge plus solide et élastique à la fois. L'éponge-type décrite ici est en fait peu répandue dans la nature. C'est le type *Ascon*. En réalité, la plupart des éponges forment des réseaux de circulation d'eau très compliqués et possèdent plusieurs oscules ou orifices exhalants. Elles sont du type *Leucon*.

Malgré leur caractère primitif, les éponges peuvent avoir un mode de reproduction sexué. Elles produisent alors des ovules et des spermatozoïdes. La fécondation se fait à l'intérieur de l'éponge, puis les œufs sortent par les oscules. Après un périple dans le courant d'eau, la larve touche le fond et se fixe en formant une nouvelle éponge. D'autres se reproduisent de façon asexuée.

L'identification et la classification d'une éponge ne peuvent être révélées avec exactitude qu'à l'aide d'un microscope et à l'étude de ses spicules. Certains paramètres peuvent être utiles pour déterminer l'espèce comme la forme, la consistance, la coloration et l'habitat. Les formes encroûtantes telle que *Crambe crambe,* résistent à un fort hydrodynamisme en faible profondeur alors que les éponges arboriformes sont rencontrées plus profond, comme *Axinella polypoides* par exemple. La consistance varie aussi et l'éponge de toilette *Spongia officinalis* en est le meilleur exemple avec son toucher très élastique comparée à *Petrosia ficiformis,* dure comme la pierre et rencontrée surtout dans les grottes et les surplombs. La coloration pourrait être un moyen rapide d'identification si elle ne variait bien souvent au sein d'une même espèce. Ainsi l'éponge rognon *Chondrosia reniformis*, reste blanchâtre dans les endroits ombragés pour devenir gris-marron sous des rayonnements directs.

L'habitat est un paramètre important. Les éponges nécessitant une surface plus ou moins dure afin de se fixer, on les rencontre sur les fonds rocheux ou entre les rhizomes de Posidonie. Les espèces photophiles habitent les faibles profondeurs et les espèces sciaphiles, les plafonds des cavernes et les surplombs.

Certaines éponges ont un comportement épiphyte en se fixant sur les algues calcaires et d'autres se montrent epizoïques sur les crabes, comme le fait l'éponge *Suberites massa* une fois arrachée de son habitat principal par le crabe. Un groupe très particulier endolithe a la capacité de perforer les surfaces calcaires ou même les coquillages. Ces éponges s'installent de telle façon qu'elles ne laissent apparaître que les orifices inhalants et exhalants.

Notons pour terminer la symbiose avec certains animaux. Les cavités des grands spongiaires abritent le ver *Eupolymnia nebulosa* qui ne montre que ses longues tentacules. L'atrium des éponges importantes peut servir d'habitat au pagure troglodyte, *Calcinus ornatus*, oublieux du tube des vers ou des coquillages de gastéropodes. L'éponge orange-de-mer, *Suberites domuncula*, peut se fixer sur le coquillage qu'utilise pour habitat le bernard-l'ermite, *Dardanus arrosor*. Elle dissout même progressivement le coquillage de gastéropode afin d'être le seul hôte du pagure. Les éponges noires comme *Ircinia spinolusa* donnent refuge aux crevettes du genre *Alpheus* qui forment généralement des couples fidèles. Le crabe *Dromia personata* vit en symbiose avec l'éponge *Suberites massa* qui couvre souvent tout son dos. Quant à l'éponge *Aplysina aerophoba*, elle cohabite avec une cyanobactérie photosynthétique endozoïque, anciennement appelée algue bleue. Vivant dans ses tissus, elle est responsable du noircissement de l'éponge lorsque celle-ci se trouve au contact de l'air.

Sycon raphanus

Eponge calcaire en forme de baril, pouvant se confondre avec une ascidie. L'oscule est couronné par des spicules calcaires blanchâtres. Photophobe, on la trouve sur les parois des grottes et généralement aux endroits sombres. Peut aussi se comporter comme épiphyte.

Distribuée uniquement en Méditerranée.

A noter : contrairement à la plupart des éponges, *S. raphanus* appartient au type *Sycon*, (voir texte).

Espèces similaires : *S. ciliatum* est plus haute atteignant 3 cm et forme des groupes de plusieurs individus. A part en Méditerranée, présente en Atlantique nord-est.

Ci-contre :

Aplysina aerophoba

Eponge caractérisée par sa couleur jaune et ses longues cheminées tubulaires. La colonie mesure entre 10 et 20 cm mais de rares exemplaires atteignent un mètre de haut. Photophile, on la rencontre de la surface jusqu'à 35 m de profondeur, sur les fonds rocheux. Elle offre une surface idéale pour les organismes épibiontes tels que crustacés, vers et mollusques.

A part en Méditerranée, présente aussi en Atlantique.

A noter : l'éponge renferme dans ses tissus une cyanobactérie qui provoque la modification de couleur, une fois ramenée à la surface. Elle vire alors au vert ou au bleu foncé presque noir.

Espèces similaires : *A. cavernicola* de taille inférieure et de coloration plus pâle. Sciaphile, on la rencontre dans les grottes et les cavernes sous-marines.

Ci-dessous :

Petrosia ficiformis

Appelée éponge-pierre à cause de sa consistance très dure, cette espèce est fréquente dans les endroits obscurs tels que surplombs et grottes. Ses dimensions n'excèdent pas 60 cm et sa distribution bathymétrique est de l'ordre de 50 m.

A noter : tandis que les espèces exposées à un rayonnement du soleil même indirect conservent leur couleur marron-violacé, celles des grottes présentent une couleur blanc-crème en raison de l'absence d'une cyanobactérie symbiotique.

Oscarella lobularis

Eponge bleue très molle au toucher caractérisée par ses lobes arrondis. Sa taille ne dépasse pas 20 cm. On la trouve surtout dans des conditions de pénombre, grottes, surplombs et rhizomes de Posidonie, à 40 m de profondeur maximum. Sa reproduction s'opère par détachement des tissus qui donneront naissance à de nouvelles éponges.

A noter : sa coloration varie du bleu au marron foncé en passant par le jaune.

Ci-dessous

Chondrosia reniformis

Eponge de consistance caoutchouteuse caractérisée par l'absence de spicules calcaires. Ne dépasse pas la longueur de 30 cm. Les oscules sont visibles mais il faut une loupe pour distinguer les pores. Espèce lucifuge, fréquente aux endroits ombragés jusqu'à 40 m de profondeur. Sa reproduction s'effectue par détachement des tissus, à la manière d'un écoulement.

***Suberites* sp.**

Les éponges de ce genre ne dépassent pas 15 cm en longueur et présentent la particularité de symbiose avec les crabes et les pagures. L'espèce *S. domuncula* colonise ainsi le coquillage de gastéropode utilisé par le bernard-l'ermite *Dardanus arrosor* et le dissout progressivement pour devenir son seul hôte. L'espèce *S. massa*, par contre, est arrachée du rocher par le crabe *Dromia personata* qui la maintient sur sa carapace où elle continuera de croître.

Distribuée en Méditerranée et en Atlantique-nord.

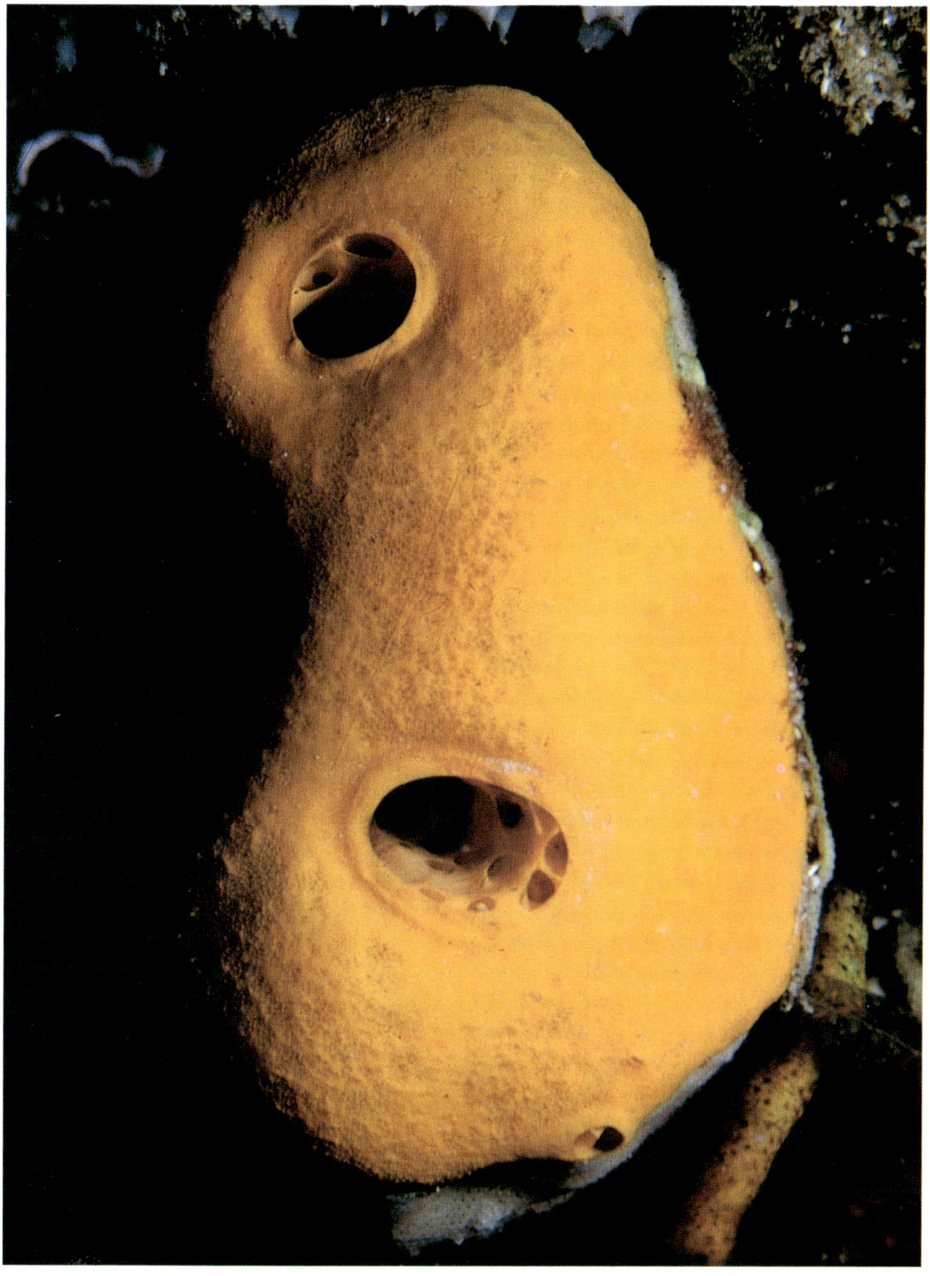

Crambe crambe

Eponge encroûtante de couleur rouge-orangé typique dont les colonies atteignent parfois des dimensions impressionnantes en longueur mais très minces en épaisseur. Il n'est pas rare de l'observer en symbiose avec le bivalve *Spondylus gaederopus* dont elle colonise la surface. On la rencontre sur les roches jusqu'à 30-40 m de profondeur.

Espèce endémique de Méditerranée.

Espèces similaires : *Spirastrella cunctatrix* présente exclusivement dans les cavernes. Rêche au toucher.

Ci-dessous :

Ircinia fasciculata

Eponge sciaphile de forme variable et de consistance coriace. Sa coloration dépend des cyanobactéries symbiotiques présentes dans ses tissus et varie du marron au violet, rendant sa détermination difficile. Utilisée comme habitat par les crevettes du genre *Alpheus* et par des vers. Distribution bathymétrique entre 5 et 35 m.

A noter : ne pas confondre avec des éponges du genre *Cacospongia*, de coloration noirâtre.

Ircinia spinosula

Grande éponge exclusivement de couleur noire, très coriace, dépassant parfois 1 m. Elle forme une masse impressionnante sur laquelle se fixent des organismes épizoïques ou troglodytes, comme les vers et les crustacés. Fréquente surtout dans le bassin oriental, là où les eaux sont plus chaudes, de la surface à une trentaine de mètres de profondeur.

A noter : ne pas confondre avec l'éponge de toilette *Spongia officinalis*, d'aspect et de couleur identiques mais aux dimensions plus modestes, au toucher élastique et rencontrée surtout au delà de 10 m. En effet, *Spongia officinalis* se présente sous deux variétés : *adriatica,* fréquente au nord du bassin Occidental et en Adriatique, appelée fine Grecque, et *mollissima,* présente dans la partie du bassin Oriental, nommée fine Syrie. Cette dernière a la forme d'une coupe aplatie sur la face supérieure où se localisent les oscules. Citons les autres éponges commerciales de Méditerranée : *Spongia agaricina* ou oreille d'éléphant à la forme d'une lame, *Spongia zimocca* ou fine dure à la forme d'une coupe et *Hippospongia communis* d'aspect sphérique. Toutes ces éponges se sont considérablement raréfiées à cause d'une pêche intensive et de la présence d'une bactérie depuis 1986, surtout dans la partie Orientale et au sud du bassin Occidental.

Haliclona sp.

Les éponges de ce genre donnent en majorité l'aspect de tubes dressés, fréquentes sur les parois des grottes et des endroits obscurs. Leur distribution bathymétrique n'excède pas en général 50 m.

A noter : la détermination exacte des espèces ne peut se faire avec exactitude qu'après examen microscopique.

Espèces similaires : *H. mediterranea* de couleur rose, *H. simulans, H. aquaeductus*, pour ne citer que celles-ci.

Ci-contre :

Hamigera hamigera

Eponge encroûtante d'un diamètre pouvant aller jusqu'à 30 cm. Fréquente dans les grottes et les surplombs, de la surface à 40 m de profondeur. Sa détermination est aisée grâce à sa couleur vive et à la présence de nombreux orifices inhalants.

Se rencontre en Méditerranée et en Atlantique.

A noter : se prête à confusion avec certaines synascidies de la famille de Didemnidé.

Espèces similaires : l'éponge *Hemimycale columella* a la même forme et une distribution identique mais elle diffère par sa couleur rose pâle.

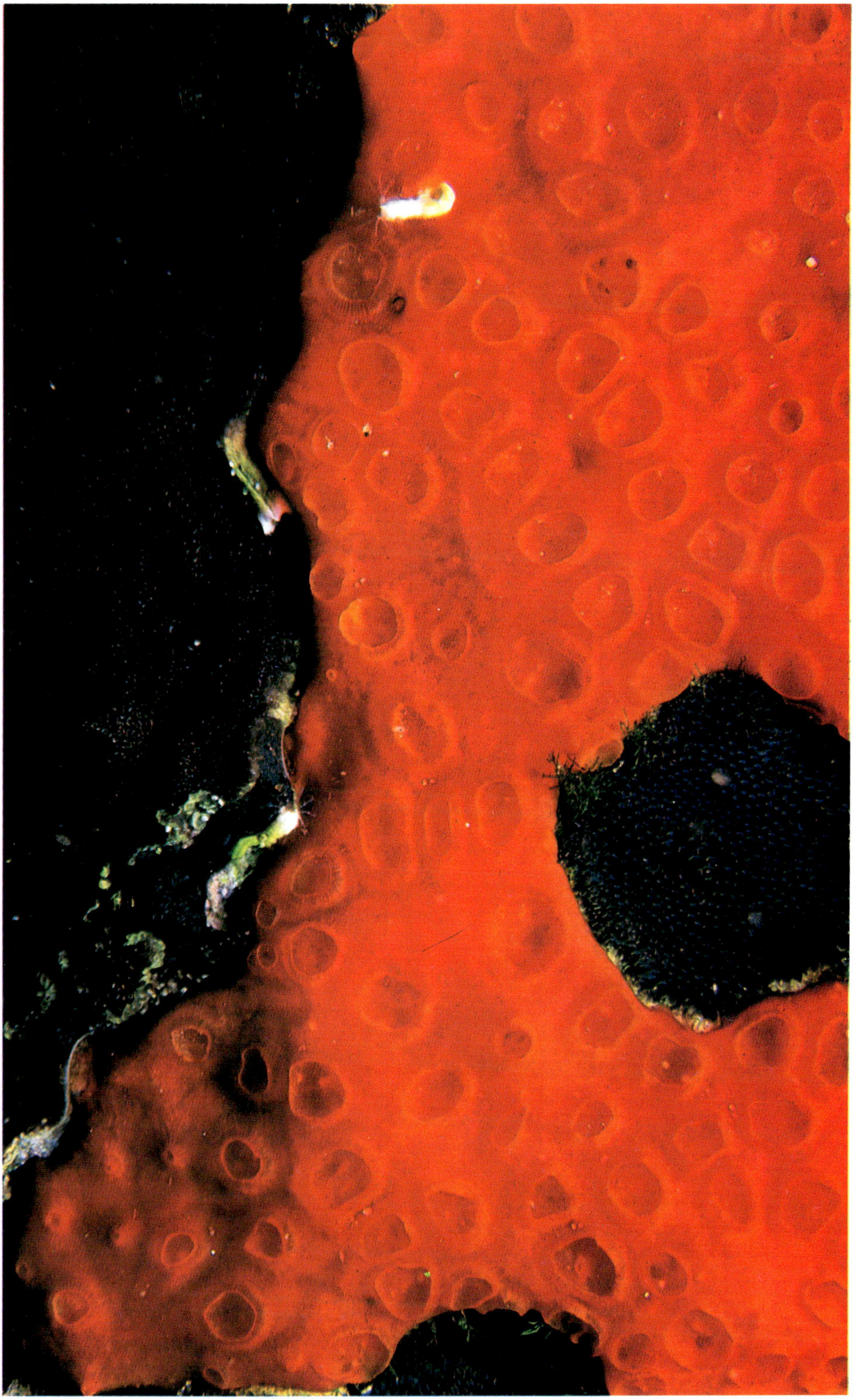

Clathrina clathrus

Eponge des endroits obscurs dont les colonies n'excèdent pas 10 cm de diamètre. Les tubes mous forment un réseau complexe. On la rencontre à des profondeurs variant de 1 à 25 m, sur les surfaces dures mais aussi sur les algues calcaires.

Espèce méditerranéenne.

Espèces similaires : *C. coriacea* de couleur blanche, distribuée de façon occasionnelle dans la partie nord-occidentale et plus fréquente en Atlantique, dans la Manche et la mer du Nord.

Ci-contre :

Axinella polypoides

Eponge arboriforme qui atteint parfois un mètre en longueur. On la trouve à partir de 15 m environ et descend au delà de 100 m. Les pêcheurs la ramènent à la surface dans leurs filets. Parfois colonisée par le zoanthaire *Parazoanthus axinellae* qui lui donne l'aspect d'un arbuste fleuri.

Présente en Méditerranée et en Atlantique.

Espèces similaires : *A. verrucosa* d'aspect verruqueux comme l'indique son nom, avec une répartition et une distribution bathymétrique similaires. *A. damicornis* de faibles dimensions et présente sur les parois des grottes, colonisée également par le zoanthaire précité.

ANÉMONES, CORAUX ET GORGONES

Les anémones, les coraux et les gorgones font partie, avec d'autres animaux invertébrés, de la classe des anthozoaires. On les appelle ainsi à cause de leur aspect fleuri : en Grec, «*anthos*» signifie fleur. Sous forme de polypes, ils sont fixés au fond et n'errent jamais en pleine mer. Selon l'espèce, ils sont coloniaux ou solitaires. Tous carnivores, ils chassent du zooplancton jusqu'aux petits poissons.

La majorité des anthozoaires font partie des hexacoralliaires, nommés ainsi parce que leur polype possède des tentacules en nombre multiple de six. Les individus de près de 600 tentacules ne sont pas rares!

Les hexacoralliaires sont divisés en quatre ordres :

— Les actiniaires regroupent les anémones de mer solitaires. L'absence d'un squelette solide les caractérise. Ils se fixent à l'aide de la base du polype en forme de ventouse sur les roches, les rhizomes de Posidonie, le sable et les coquillages. Toutes les anémones possèdent des cellules plus ou moins urticantes afin de capturer leurs proies et se défendre. Elles ne présentent généralement pas de danger pour l'homme. Une certaine faune ne déclenche pas ce mécanisme et offre alors une symbiose à étudier. Par exemple, on trouve fréquemment le gobie *Gobius bucchichii* parmi les tentacules de l'anémone verte *Anemonia viridis.*

— Les cérianthipathaires regroupent d'une part les cérianthes, anémones particulières installées dans des tubes mous sur les fonds sablonneux qui possèdent deux rangées de tentacules autour de l'orifice buccal comme *Cerianthus membranaceus* et, d'autre part les antipathaires, rares en Méditerranée excepté en partie occidentale, de forme arborescente avec un squelette dur. Ce sont les coraux noirs comme *Antipathes subpinnata.*

— Les madréporaires sont similaires aux anémones avec la différence que le polype sécrète du calcaire pour fixer l'animal solidement sur la surface et créer ainsi au fur et à mesure un squelette autour de lui. Ce sont les coraux. Sous les Tropiques, les madréporaires présents surtout sous forme coloniale (plusieurs individus) peuvent former les récifs coralligènes.
En Méditerranée, les formes solitaires comme le *Balanophyllia europaea* sont beaucoup plus fréquentes mais il existe également des formes coloniales comme le *Cladocora caespitosa* certes moins impressionnantes que leurs cousins exotiques.

— Les zoanthaires, enfin, sont des anémones coloniales encroûtantes caractérisées par leur petite taille, leur grand nombre et leurs tentacules fins et lisses. L'exemple le plus typique est l'anémone encroûtante jaune, *Parazoanthus axinellae* qui peut couvrir plusieurs mètres carrés de surface.

Autre sous-classe des anthozoaires, les octocoralliaires possèdent des polypes à huit tentacules exclusivement. L'orifice buccal est situé au milieu des tentacules en couronne qui ne sont pas lisses mais pinnés. De plus, ils sont tous présents sous forme coloniale.

A l'instar des hexacoralliaires, les octocoralliaires sont divisés en quatre ordres :

— Les alcyonaires sont caractérisés par la présence d'un hydrosquelette gonflé d'eau et par leur consistance charnue au toucher, comme *Alcyonium acaule*, espèce endémique de Méditerranée.

— Les gorgonaires ont des polypes de petite taille et pourtant la colonie entière est très spectaculaire, grâce à sa taille et à ses couleurs chatoyantes. Les gorgonaires forment des arbustes ou des éventails. Ils possèdent un squelette dur, constitué soit d'une matière cornée enveloppée des tissus d'où jaillissent les tentacules, comme la gorgone rouge *Paramuricea clavata*, soit de calcaire comme le fameux corail rouge *Corallium rubrum*. Ce support solide permet à des anémones ou à des alcyonaires comme *Alcyonium coralloides* de coloniser les gorgonaires qui peuvent même devenir habitat et nourriture pour des mollusques comme *Neosimnia spelta*.

— Les pennatulaires sont les seuls octocoralliaires qui ne sont pas solidement fixés. Ils s'ancrent dans les fonds sablo-vaseux en maintenant toute la colonie.

Comme les alcyonaires, ils possèdent un hydrosquelette. Ces animaux vivent en général dans des eaux assez profondes.

— Les stolonifères, pour finir, sont de petite taille et fixés sur le substrat en communiquant entre eux à l'aide des stolons.

Il faut noter que les anthozoaires, notamment les gorgonaires et les alcyonaires, sont abondants dans la partie occidentale de la Méditerranée. Dans sa partie orientale, ils sont généralement signalés dans des eaux plus profondes.

Actinia equina

L'actinie rouge présente une coloration variant du brun à l'orange, au vert et parfois même à une forme tachetée de jaune. Elle atteint 7 cm de haut et porte environ 200 tentacules rétractiles. Fréquente à l'étage médiolittoral, elle peut résister au manque d'eau grâce à son mucus. En se refermant pour retenir le liquide, elle prend l'aspect d'une tomate.

Présente en Méditerranée jusqu'en mer du Nord et en Atlantique.

A noter : l'actinie rouge est vivipare et donne naissance à de jeunes individus, incubés dans la cavité stomacale.

Espèces similaires : *A. cari* de forme conique et de couleur verte parcourue d'anneaux, fréquente les profondeurs jusqu'à 2 m.

Aiptasia mutabilis

Anémone des eaux superficielles présente surtout au printemps. Elle forme des groupes importants aux tentacules légèrement rétractiles caractérisés par leur transparence et leur aspect de langues de feu. Agressée, elle peut libérer des aconties.

Distribuée exclusivement en Méditerranée.

Espèces similaires : *A. diaphana* de forme semblable mais aux dimensions réduites, de 3 cm de diamètre.

Ci-contre :

Cereus pedunculatus

Anémone de mer des eaux peu profondes sur surfaces dures telles que les roches ou les pilotis des pontons. Ses tentacules en grand nombre varient en coloration du vert au blanc-crème. Les ondulations et les plis du disque buccal qui surplombe le tronc sont caractéristiques.

Distribué en Méditerranée et en Atlantique nord-est.

Anemonia viridis

La plus grande des anémones de Méditerranée. Urticante, elle possède 200 tentacules environ, non rétractiles. Les individus proches de la surface présentent parfois l'extrémité des tentacules colorée de violet. On la rencontre parfois jusqu'à 15 m.

Distribuée en Méditerranée et en Atlantique.

A noter : elle offre une symbiose à étudier, d'abord avec le gobie *Gobius bucchichii* et avec divers crustacés qui ne déclenchent pas les mécanismes urticants de l'anémone.

Calliactis parasitica

Anémone vivant généralement en association symbiotique et non parasitique comme son nom l'indique, avec certains pagures comme *Dardanus arrosor*. Se transportant volontairement sur leur coquillage de gastéropode, parfois à plusieurs, elle partage ainsi ses déplacements et ses repas! En contre-partie, elle libère des aconties violacées en cas d'agression. De coloration variable, grise, jaune ou orangée, elle mesure 10 cm maximum.

Présente en Méditerranée et en Atlantique nord-est.

Espèces similaires : *Adamsia palliata*, plus petite mais aussi plus poussée au niveau symbiotique. En effet, elle couvre entièrement la coquille du pagure *Eupagurus prideauxi*, sans que celui-ci soit obligé de quitter sa loge car elle se développe avec lui.

Cerianthus membranaceus

Le cérianthe vit dans un tube mou long parfois d'un mètre, fabriqué de sécrétions de mucus incrustées de grains de sable. L'animal y bouge librement et peut s'y rétracter à la moindre alerte. Sa coloration très variable, blanche, noire, crème ou bigarrée font que deux cérianthes ne se ressemblent jamais. On le trouve dans des profondeurs de 1 à 40 m.

Espèce endémique de Méditerranée.

A noter : sur le tube mou, se fixent de petits animaux similaires aux bryozoaires en forme de fleurs et appelés phoronidiens comme *Phoronis australis.*

Espèces similaires : *C. solitarius,* de taille inférieure et aux tentacules moins fournis, trouvé sur les fonds sablo-vaseux.

Parazoanthus axinellae

Zoanthaire appelé aussi anémone encroûtante fréquent jusqu'à 250 m de fond. Sciaphile, on le trouve dans les entrées des grottes et les surplombs dont il tapisse parfois les parois. L'orifice buccal se situe au milieu des 36 tentacules - environ - portées par le disque. Sa reproduction peut s'opérer de façon asexuée en laissant «couler» ses tissus qui donneront naissance à de nouvelles colonies.

Présent en Méditerranée et en Atlantique nord-est.

A noter : l'espèce se rencontre moins fréquemment dans le bassin oriental.

Espèces similaires : deux variétés de la même espèce pourraient exister mais ne sont pas encore déterminées avec certitude. L'un aux polypes courts et trapus, l'autre aux polypes longs et élancés.

Balanophyllia europaea

Corail solitaire des faibles profondeurs n'excédant pas 10-15 m. Son squelette calcaire de 2,5 cm maximum se fixe aux substrats durs. Ses tentacules sont parfois transparents.

Espèce endémique de Méditerranée.

A noter : contrairement à la plupart des madréporaires, se rencontre également sur les zones exposées aux rayons solaires directs.

Leptosammia pruvoti

Le corail solitaire jaune est fréquent dans les zones superficielles de la mer, là où la lumière directe du jour ne parvient pas. Facilement reconnaissables à leur couleur vive, les polypes adhèrent sur une base calcaire commune et n'excèdent pas 6 mm de hauteur. Forme dans les grottes une mosaïque importante.

Distribué en Méditerranée et en Atlantique nord-est.

Madracis pharensis

Forme des colonies de 5 cm de long maximum, aux calices hexagonaux extrêmement petits. Espèce des endroits ombragés tels que plafonds des grottes sous-marines, non loin de l'entrée.

Présent dans toute la Méditerranée et plus fréquent dans sa partie orientale. Egalement en Atlantique.

A noter : la présence de zooxanthelles peut modifier la coloration de l'espèce.

Ci-contre :

Caryophyllia sp.

Les coraux de ce genre sont toujours solitaires. Ils ne forment pas de véritables colonies. De coloration variant du gris au rose, ils mesurent jusqu'à 2 cm de haut. On les trouve sur les parois protégées des rayons directs du soleil mais également à l'entrée des grottes, de 1 à 100 m.

Distribution méditerranéenne.

Espèces similaires : il en existe plusieurs comme *C. smithii* ou d'autres genres comme *Hoplangia durotrix* de taille inférieure et *Polycyathus muellerae* en rassemblements plus importants.

Cladocora caespitosa

L'un des seuls coraux de Méditerranée à former des colonies importantes, jusqu'à un demi mètre de diamètre. Photophile, on le rencontre dès la surface, sur les cailloux et les fonds rocheux, jusqu'à 60 m. Dans les zones calmes, il présente parfois des formes ramifiées, la reproduction s'effectuant par bourgeonnement. Parmi ses calices, les animaux épizoïques comme les vers tubicoles trouvent une base d'installation.

Espèce endémique de Méditerranée.

Phyllangia mouchezii

Corail à squelette marron et aux polypes verdâtres ne dépassant pas le centimètre en longueur. Espèce sciaphile rencontrée surtout dans les grottes là où les eaux sont plus chaudes, formant des colonies.

Fréquent dans la partie orientale du bassin méditerranéen.

A noter : Ne pas confondre avec les coraux du genre *Caryophyllia* solitaires ou en petits groupes et *Hoplangia* de taille inférieure.

Clavularia crassa

Stolonifère dont les polypes épanouis ne dépassent pas le centimètre en hauteur. Cet octocoralliaire se rencontre de la surface à une trentaine de mètres sur les endroits rocheux, évitant d'habitude le rayonnement direct solaire, comme sur les rhizomes de posidonie et la face inférieure des pierres.

Corallium rubrum

Gorgonaire de réputation mondiale pour son axe calcaire rouge ou rose utilisé dans la fabrication de bijoux. La colonie vivante laisse apparaître ses tentacules épanouis de couleur blanche. Sa croissance ne dépasse pas le centimètre par an et sa taille peut atteindre le mètre. Mais les colonies de 15 à 20 cm restent les plus fréquentes. Photophobe, on le rencontre de 3 à 300 m. Espèce endémique de Méditerranée.

A noter : en raison d'une surpêche, le corail est devenu très rare sur les fonds inférieurs à 50 m. On tente de le cultiver.

Il existe aussi des colonies albinos, entièrement dépourvues de pigment.

Ne pas confondre avec le bryozoaire«faux corail» *Myriapora truncata.*

Eunicella singularis

Photophile, la gorgone blanche peuple les parois et les roches sub-horizontales couvertes de sédiments, entre 5 et 50 m. Elle atteint la hauteur de 50 cm pour une croissance de 4 cm par an environ.

Peu fréquente dans le bassin oriental de Méditerranée.

Espèces similaires : *E. verrucosa* habite les grands fonds. Elle présente parfois la même coloration mais reste plus abondante sur les côtes atlantiques.

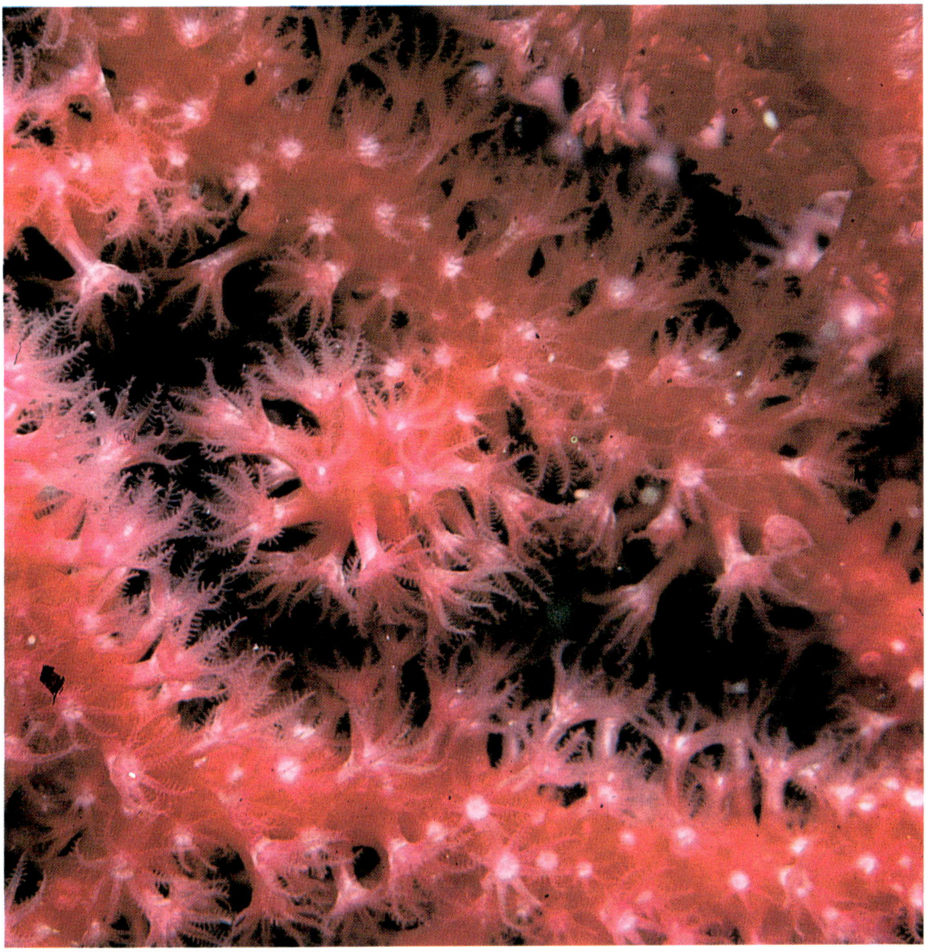

Paramuricea clavata

Grande gorgone rouge formant des éventails splendides. Elle atteint en effet 1 m de hauteur pour une croissance de 5 cm par an environ. Sciaphile, on la rencontre sur les tombants verticaux principalement.

Espèce endémique de Méditerranée que l'on ne trouvera qu'à partir de 40 m dans le bassin oriental.

A noter : sans lumière artificielle, elle apparaît de couleur noir-violet en raison de l'absence de rayonnement rouge filtré par l'eau. Certaines colonies sont bicolores.

Ci-contre :

Eunicella cavolinii

Gorgone des fonds rocheux aimant les endroits obscurs et les surplombs, entre 5 et 150 m de profondeur. Sa ramification est irrégulière. La longueur totale de la colonie atteint 40 cm pour une croissance de 1 à 2 cm par an.

Quoique la plus commune des gorgones méditerranéennes, elle est plus fréquente dans le bassin occidental.

A noter : il n'est pas rare de trouver sur ses tissus des organismes épibiontes.

Espèces similaires : la gorgone *Lophogorgia ceratophyta* lui ressemble de coloration mais atteint 60 cm et habite les fonds rocheux couverts de sédiments.

HYDRAIRES ET MÉDUSES

Le mot méduse désigne des animaux appartenant à deux classes différentes, les hydraires et les scyphozoaires.

Les hydraires existent sous deux formes : sous l'aspect d'une colonie fixée au fond, l'hydropolype et sous une forme pélagique, l'hydroméduse. Les colonies ont un aspect très variable et correspondent à certains types arboriformes, tubulaires ou plumulaires plus ou moins faciles à observer et qui comportent plusieurs espèces pour chacun d'entre eux.

La colonie est basée sur un stolon qui permet la communication entre les polypes. Deux types de polypes ont des rôles bien définis. Les premiers sont destinés à la capture de la nourriture, notamment du zooplancton et sont munis de nématocystes qui provoquent des brûlures au contact de notre peau. Les seconds sont spécialisés pour la reproduction. Ils formeront des méduses qui évolueront libres en pleine mer jusqu'à leur maturité sexuelle. Ce stade atteint, elles produisent par voie sexuée des larves qui donneront de nouvelles colonies, une fois fixées au fond. Pour cette raison d'hétéromorphisme, les colonies et la méduse sont très souvent décrites sous deux noms scientifiques différents et se prêtent à confusion. Même aujourd'hui, on ne sait pas encore avec certitude quelle méduse provient de quel polype. Certains hydraires ne présentent pourtant pas cette forme hydroméduse. La croissance des polypes se fait par bourgeonnement.

La classe des scyphozoaires comprend les grandes formes des méduses. A leur maturité sexuelle, elles libèrent des œufs qui donnent naissance à des larves ciliées. Si elles échappent aux poissons, ces larves iront se fixer au fond pour former un polype, mais contrairement aux hydraires, jamais une entière colonie fixe. Le polype donnera vie, par voie asexuée et par une série de multiples transformations à des dizaines de méduses. Ces polypes sont fréquents l'hiver et l'automne, sur les surplombs et les roches et ne dépassent pas en général 1 cm. Certaines méduses de cette classe ne passent pas par la phase polype. C'est le cas de l'acalèphe brillant, *Pelagia noctiluca*, connue pour ses brûlures.

Le mot méduse est utilisé par le non-spécialiste pour décrire souvent d'autres animaux planctoniques très différents appartenant à des classes distinctes, comme les salpes qui font partie des tuniciers, des vers annelés et même des opistobranches qui font partie de la classe des gastéropodes.

De nombreux animaux consomment les méduses. Notons les dauphins, les tortues et le magnifique poisson-lune, *Mola mola*. Une faune de petite taille les utilise comme refuge. Les jeunes chinchards, *Trachurus trachurus* par exemple, les sérioles *Seriola dumerili*, font de la grande méduse *Cotylorhiza tuberculata* ou *Rhizostoma pulmo*, leur base de transport sans déclencher leurs mécanismes urticants.

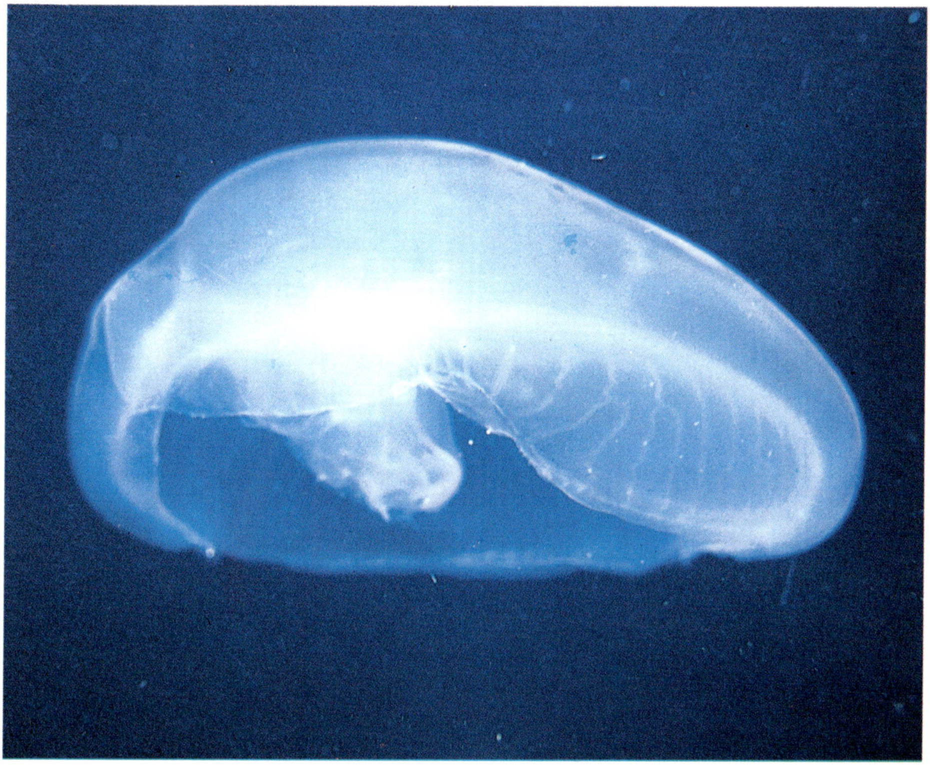

Aurelia aurita

Grande méduse pélagique atteignant le diamètre de 40 cm. Inoffensive pour l'homme, on la trouve périodiquement en masse près des côtes. Sa maturité sexuelle atteinte, elle forme des œufs qui donnent naissance à des larves ciliées. Une fois touché le fond, elles se transforment chacune en un scyphopolype, lequel, à la suite d'une procédure de métamorphose, libérera de jeunes *Aurelia* appelées éphyrules, aux tentacules bilobés.

Distribution dans toutes les mers du globe.

Ci-contre :

Aglaophenia sp.

Les hydraires de ce genre comptent plusieurs espèces et une détermination sûre ne peut se faire qu'après examen microscopique. Les colonies vivent à la surface jusqu'à 15 m. Les capsules ovales servent à la reproduction et connaissent leur développement au printemps.

A noter : au contact de notre peau, peut infliger des allergies et des brûlures.

Espèces similaires : nombreuses et facilement confondues avec d'autres comme *Plumularia, Lytocarpia* ou *Thecocaulus.*

Pelagia noctiluca

Méduse de coloration violette typique et particulièrement douloureuse au contact de notre peau. Son diamètre ne dépasse pas 8 cm mais ses tentacules latéraux presque invisibles atteignent 50 cm. Les œufs situés juste en dessous de l'ombrelle donneront naissance à de jeunes méduses sans connaître la phase polype.

Distribuée en Méditerranée, en Atlantique et dans la Manche.

A noter : phosphorescente pendant la nuit, surtout quand elle est manipulée. Les grands spécimens abritent occasionnellement de jeunes poissons.

Rhizostoma pulmo

Grande méduse atteignant parfois 90 cm de diamètre mais ne présentant pas de danger pour l'homme. Ses 8 trompes lui permettent d'attraper le plancton nutritif. Pélagique, elle se développe au printemps dans les eaux côtières. Les jeunes poissons tels que les sérioles et les chinchards l'utilisent comme base de transport.

Distribuée en Méditerranée et en Atlantique nord-est.

Espèces similaires : *Cotylorhiza tuberculata*, autre grande méduse plus vivement colorée grâce à la présence d'algues unicellulaires symbiotiques et rencontrée en Méditerranée orientale les mois d'été.

Siphonophores

Souvent confondus avec les méduses, les siphonophores sont des animaux au fonctionnement très développé. Les individus constituent en réalité des membres ayant chacun une fonction spécifique : reproduction, locomotion, défense, nutrition. Chez certaines espèces encore plus complexes, la partie supérieure se transforme en un véritable flotteur qui maintient la colonie à la surface. Ils sont extrêmement urticants.

A noter : aux siphonophores appartient également la galère espagnole, *Physalia physalis*, qui a provoqué des accidents mortels par arrêt cardiaque.

Apolemia uvaria

Siphonophore dépassant parfois la longueur de 25 m! Son allure générale est cotonneuse. La colonie se maintient entre deux eaux grâce à des flotteurs. Elle a la réputation d'apparaître dans les eaux polluées, ce qui n'est pas fondé.

A noter : sur certaines îles grecques, les pêcheurs d'espadons prétendent qu'elle fait fuir les gros poissons quant elle infecte le large. Ils l'appellent «la maladie de la mer».

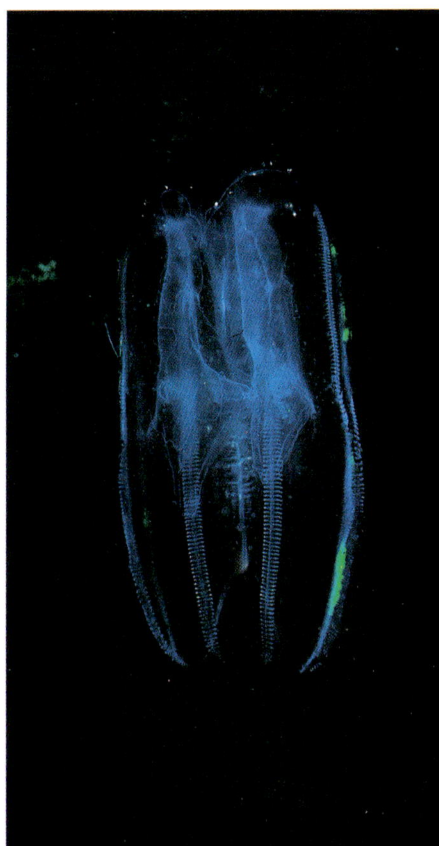

Ci-contre :

Bolinopsis infundibulum

Les cténophores sont des animaux pélagiques ne possédant pas de mécanismes urticants. Cette espèce est caractérisée par son aspect granuleux et les lumières clignotantes le long de son corps.

A noter : l'iridescence et le jeu lumineux ne peuvent se faire remarquer que dans des conditions de pénombre.

Espèces similaires : *Beroë ovata*, caractérisée par l'absence de tentacules et par sa grande bouche.

LES VERS

Les vers marins se cachent bien. Si bien que nombre d'entre eux passent totalement inaperçus. Ils utilisent une multitude de cachettes comme les roches calcaires, le sable, les éponges et vont même jusqu'à parasiter d'autres animaux. Suivant leur biologie, on les range dans 8 phyla ou embranchements. Les Annélides sont les plus fréquemment rencontrés lors des explorations sous-marines. Ce sont des animaux très développés. Ils tiennent cette appellation de leur corps constitué d'un grand nombre de segments en forme d'anneaux. A l'extrêmité, on peut distinguer la tête munie des organes sensoriels, des ocelles, des antennes et des branchies. Les vers de terre et les sangsues appartiennent aussi à ce phylum.

La majorité des Annélides est divisée en 2 ordres : les polychètes errants ou libres et les polychètes sédentaires appelés aussi vers tubicoles. La distinction ne se fait pas sur leur effet de mobilité mais sur la segmentation de leur corps qui varie d'un ordre à l'autre. Les polychètes sédentaires vivent dans des tubes variés. Le protule, *Protula intestinum*, construit le sien à base de calcaire fixé sur les surfaces rocheuses alors que la sabelle, *Sabella pavonina*, utilise des tubes mous, muqueux, incrustés de grains de sable ou de vase. Il existe aussi des formes coloniales comme *Filograna*.

Les vers tubicoles capturent leur nourriture grâce à leur panache tentaculaire. Aidé par des muscles, l'animal se rétracte brusquement dans le fond de son tube au moindre mouvement suspect. Les couronnes diffèrent autant en couleurs que pour leur construction, simple ou multiple. Même si, en général, les vers tubicoles sont épilithes, les plus petits d'entre eux peuvent montrer des comportements différents. Le spirorbe, *Spirorbis pagenstecheri*, agit en épiphyte en se fixant sur les feuilles de Posidonie ou les algues calcaires. Le ver strié, *Hydroides norvegica*, apparaît épizoïque accroché sur des crabes comme le dromie, *Dromia personata*, ou sur des coquillages gastéropodes.

Le *phylum* des plathelminthes ou vers plats présente également un intérêt, notamment la classe des turbellariés. Ces animaux extrêmement aplatis ne dépassent généralement pas 5 cm. Très mobiles, les organes sensoriels restent rudimentaires. Caractérisés par une coloration vive, ils sont souvent confondus par les plongeurs avec certains mollusques nudibranches de type doridien.

Bonellia viridis

L'animal entier est très rarement observé puisque la bonellie ne laisse paraître d'elle-même que sa trompe rétractile en forme de fourche posée au fond, à la longueur spectaculaire d'un mètre parfois. Son corps très élastique reste caché dans les anfractuosités. Il mesure entre 5 et 15 cm chez la femelle. La bonellie présente le dimorphisme sexuel le plus marqué de tout le règne animal puisque le mâle ne dépasse pas le millimètre! Il vit accompagné de plusieurs de ses congénères près de l'orifice génital de la femelle. Lorsque les œufs sont libérés, ils atteignent le fond et deviennent femelles alors que ceux qui toucheront la trompe de la bonellie deviendront mâles.

Présente en Méditerranée et en Atlantique.

Ci-contre :

Filograna sp.

Les vers appartenant au genre forment de véritables colonies mesurant jusqu'à 25 cm de long. Ils construisent des tubes entre-soudés qui ne dépassent pas un millimètre de diamètre. Ne pouvant résister à un fort hydrodynamisme, on ne les trouve qu'à partir de 5 m.

Espèces similaires : nombreuses, avec un panache tentaculaire variant du blanc pur au rouge, comme le minuscule *F. implexa* et *Hydroides uncinatus.*

Protula intestinum

Le plus grand ver vivant dans un tube calcaire, lequel peut atteindre 20 cm. Sa couronne branchiale est exclusivement de couleur rouge et il ne possède pas d'opercule, contrairement aux autres vers. Habite les fonds compris entre 1 et 100 m, de préférence aux endroits protégés du rayonnement solaire direct.

Distribution méditerranéenne.

Espèces similaires : *P. tubularia* de taille inférieure et rencontré surtout dans les grottes. Egalement présent en Atlantique nord.

Ci-dessous

Serpula vermicularis

La couronne branchiale rouge-rose striée de blanc donne l'impression d'être composée de 2 parties. L'opercule est bien visible; il referme le tube ne dépassant pas en général 10 cm. Habite les faibles profondeurs.

Présent en Méditerranée et en Atlantique nord-est.

A noter : s'établit parfois sur les vieux coquillages. Contribue à la solidification des fonds d'éboulis.

Spirographis spallanzanii

Grand ver au tube mou se fixant sur les substrats durs de 1 à 40 m de profondeur. Sa couronne branchiale est constituée de 2 ou 3 étages spiralés au diamètre de 5 à 15 cm. Ne craint pas la lumière directe.

Se rencontre en Méditerranée, en Atlantique et en mer du Nord.

A noter : ne pas confondre avec les autres vers tubicoles telle que *Sabella pavonina* vivant sur fonds sablo-vaseux de taille inférieure et au panache tentaculaire d'un seul étage ou *Bispira volutacornis* au double panache en forme de spirale et aux couleurs allant du blanc-jaune et vert clair au violet.

Hermodice carunculata

Ver vagile à l'allure d'un mille-pattes de coloration variable, rouge-vert, jaune ou blanchâtre. Les soies blanches latérales rigides et protractiles servent de défense et peuvent provoquer des douleurs intenses. Long de 25 cm maximum, on le trouve dans les endroits obscurs comme la face inférieure des pierres. Il se nourrit principalement de poissons morts.

On le rencontre très fréquemment dans le bassin oriental et curieusement aux Antilles, tandis qu'il fait défaut dans les eaux occidentales.

Eupolymnia nebulosa

Grand ver au tube muqueux incrusté de débris de coquillage et de sable long de 20 à 30 cm, placé sous les pierres et dans les anfractuosités des roches. Il laisse paraître de longs et filiformes tentacules multiples aux couleurs chaudes, entre jaune et rouge. Ils lui servent non seulement à attraper la nourriture mais également à explorer les fonds et ramener les débris nécessaires.

Présent en Méditerranée et en Atlantique nord.

A noter : sur la photo, on distingue le corps de l'animal.

Ci-contre en haut :

Lepidonotus clava

Ver de la famille des *Aphroditidae* de 3 cm de long maximum. Son corps est couvert d'écailles mobiles. On le trouve sous les pierres à l'étage infralittoral car c'est un animal lucifuge.

Distribué en Méditerranée, en Atlantique et dans la Manche.

Espèces similaires : *Hermione hystrix* qui atteint 6 cm et a l'aspect velu. *Harmothoe impar*, de taille inférieure et de coloration plus claire.

Ci-contre :

Plathelminthes

Vers plats vagiles à la locomotion assurée par des milliers de cils cachés sur la face inférieure du corps. Ne dépassent pas en général le millimètre en épaisseur. Ils ingèrent sur leur passage la nourriture, digérée entièrement puisqu'ils sont dépourvus d'anus.

A noter : leur vive coloration les font couramment confondre avec certains mollusques nudibranches. Parmi les plus colorés, citons le planaire rose, *Prostheceraeus giesbrechtii,* parcouru de stries blanches ou le planaire tacheté, *Stylochus pilidium,* cerclé d'une fine ligne rose-rouge.

LES BRYOZOAIRES

Minuscules animaux, les bryozoaires ne dépassent pas le millimètre maïs construisent des colonies souvent impressionnantes qui rappellent à première vue les coraux.

Les polypides formant la colonie vivent séparément, chacun dans une logette calcaire ou zoécie qu'il construit autour de lui. Il laisse paraître sa couronne tentaculaire ou lophophore, destinée à capturer les substances planctoniques. Ses tentacules sont munies de cils qui transportent la nourriture vers la bouche située au centre de la couronne. Chaque polypide possède un muscle puissant capable de se rétracter à la moindre alerte afin de ramener l'animal dans sa logette. Un opercule se referme sur lui, assurant une plus grande protection.

A part ces individus chasseurs, on distingue aussi des individus spécialisés au sein de colonies d'espèces plus évoluées. Les individus préhensiles nommés aviculaires en forme de pince sont chargés de défendre la colonie contre les agressions, de la nettoyer ou même d'attraper les grosses particules nutritives. Les individus vibraculaires améliorent la circulation d'eau autour de la colonie à l'aide d'organes flagelliformes. Il existe aussi des individus reproducteurs nommés gonozoïdes et des individus incubateurs de larves, les ovicelles.

Ces animaux ne possèdent pas de couronne tentaculaire pour se nourrir, ni de cavité digestive. Ainsi, chaque zoïde communique avec ses voisins à travers les cloisons poreuses de sa logette.

Les bryozoaires se reproduisent de façon sexuée. Quoique les colonies soient formées par des individus mâles et femelles, certains sujets sont hermaphrodites. Une fois sa vie planctonique achevée, la larve posée au fond se transforme en un zoïde isolé nommé ancestrule. Puis, la croissance de la colonie se fait par bourgeonnement.

L'aspect des colonies varie selon les espèces. On observe des formes ramifiées comme celles du *Myriapora truncata* qui le font confondre avec le corail rouge, des formes foliacées et minces comme chez *Flustra foliacea* qui rappelle certaines algues, des formes dentelées telle que *Sertella septentrionalis* et des formes encroûtantes comme *Schizoporella* sp., fixée sur la face inférieure des pierres ou sur les feuilles de Posidonie ou même sur des mollusques, l'haliotide par exemple.

La grande majorité des bryozoaires est sciaphile et habite les endroits ombragés : grottes sous-marines, surplombs et rhizomes de Phanérogames.

Electra posidoniae

Bryozoaire encroûtant épiphyte, observé notamment sur les phanérogames marines comme *P. oceanica.* Les individus de taille inférieure au millimètre couvrent parfois les deux faces des feuilles sur plusieurs centimètres.

Espèce méditerranéenne.

Ci-contre :

Myriapora truncata

Bryozoaire ramifié à l'aspect d'un corail et de couleur rougeâtre, d'où la confusion avec *Corallium rubrum* (corail rouge). Se situe à partir de 5 m de fond dans des endroits obscurs protégés d'un fort hydrodynamisme. La colonie dépasse parfois 15 cm.

Espèce endémique de Méditerranée.

Scrupocellaria reptans

Bryozoaire aux colonies ramifiées ne dépassant pas 3 cm en général et rencontré aux endroits obscurs : fentes sur parois verticales, surplombs, faces inférieures des pierres.

A noter : sur la photo, il partage la surface avec un autre bryozoaire du genre *Schizoporella*, encroûtant et de couleur rouge. La forme jaune est celle d'une synascidie de la famille des Didemnidés.

Ci-dessous :

Adeonella calveti

Bryozoaire sciaphile formant des colonies aux extrémités dichotomées et arrondies.

Relativement fragile, la colonie atteint la hauteur de 15 cm. Rencontrée dans les entrées des grottes, en eaux calmes.

Plus fréquent dans le bassin occidental de Méditerranée.

Sertella septentrionalis

Reconnaissable à sa forme dentelée, la colonie atteint 10 à 15 cm de diamètre. Photophobe, présent sur les fonds coralligènes surtout mais aussi dans les anfractuosités, bien abrité du soleil à partir de 5 m.

L'espèce est distribuée uniquement dans la partie occidentale de la Méditerranée.

Margaretta cereoides

Bryozoaire en forme d'arbuste atteignant 10 cm. Les zoïdes à la base de chaque ramification ne sont pas calcifiés mais cornés, ce qui offre une relative souplesse à la colonie. Sciaphile, on le trouve également sur les rhizomes de posidonie.

Espèce endémique de Méditerranée.

LES ASCIDIES

La classe des ascidiacées fait partie des tuniciers.

Il s'agit d'animaux en forme de sac (en grec *ascos* signifie sac) d'où leur appellation, attachés solidement au fond et se nourrissant de plancton. En dépit des apparences, on les considère comme les êtres les plus proches des vertébrés. En effet, leur stade larvaire présente une structure similaire à celle des poissons, avec une corde dorsale, ancêtre de la colonne vertébrale. Au cours de son évolution, l'ascidie se métamorphose tellement qu'il ne lui reste plus grand chose au stade adulte pour la comparer avec les vertébrés. Fixée au fond, elle ne possède pas d'organes sensoriels. Elle ne se déplace ni ne chasse sa nourriture. Il lui reste pourtant un minuscule cerveau primitif situé au milieu de ses deux orifices, l'un inhalant, l'autre exhalant. A son sommet, l'orifice inhalant permet l'entrée de l'eau. Chez certaines espèces, il est muni de cils rigides qui empêchent les plus grosses particules de pénétrer l'atrium, c'est-à-dire la cavité centrale. Un filtre ou corbeille branchiale récupère le plancton conduit ensuite jusqu'à l'estomac. Après digestion, les déchets arrivent au niveau de l'orifice exhalant d'où ils sortiront guidés par le courant.

Les ascidies peuvent se reproduire de façon sexuée. Certaines sont vivipares. Les larves sont incubées dans les zoïdes.

Leurs facultés de régénération sont également remarquables. A partir d'un fragment, une nouvelle ascidie complète peut se reconstituer! Leur corps, couvert d'un épiderme épais fait d'une matière de cellulose, la tunïcine, rappelle le cuir. Leur forme est variable. Les individus solitaires reposent sur une base plane, comme *Halocynthia papillosa*, ou sur une base longue et fine qui fait penser au pied d'un ver de vin, telle que *Clavelina lepadiformis*. D'autres créent de véritables colonies, chaque ascidie possédant son propre orifice inhalant et partageant un large orifice exhalant commun. C'est le cas de *Amaroucium* sp. que l'on peut confondre avec une éponge comme *Hamigera hamigera*.

Les ascidies préfèrent se fixer sur les substrats durs. Quelques espèces comme *Halocynthia papillosa* peuvent adhérer sur la nacre *Pinna nobilis*, certaines formes coloniales comme *Botryllus schlosseri* sur les algues, les Posidonies ou sous les pierres.

Halocynthia papillosa

Ascidie des fonds rocheux, entre 1 et 100 m de profondeur. Se fixe également sur les épaves, les rhizomes de posidonie et les nacres. Sa coloration rouge près de la surface vire au blanc en profondeur et aux endroits ombragés. N'excède pas la hauteur de 20 cm.

Espèce endémique de Méditerranée rencontrée sur les côtes portugaises.

Espèces similaires : il en existe plusieurs dont le violet comestible *Microcosmus sabatieri*, aux siphons inhalants striés de rouge-blanc.

Phallusia mamillata

Ascidie blanche, l'une des plus grandes rencontrées en Méditerranée. Ses orifices inhalants et exhalants ne sont pas toujours visibles. On la trouve sur les fonds vaseux ou rocheux couverts de sédiments, généralement assez profond jusqu'à 250 m.

Distribuée en Méditerranée et en Atlantique nord-est.

Espèces similaires : *Ascidia mentula*, à la surface lisse.

Amaroucium sp.

Les synascidies de ce genre présentent le plus souvent une coloration rouge-orangé typique. Se prêtent à confusion avec certaines éponges mais leur consistance est différente et leurs pores inhalants restent nettement plus visibles.

A noter : tandis que la plupart des synascidies sont encroûtantes, celles-ci forment des colonies bien développées.

Espèces similaires : il en existe plusieurs dont *A. conicum* et *A. nordmani*.

Clavelina lepadiformis

Cette ascidie forme des rassemblements importants jusqu'à 300 individus de taille inférieure à 3 cm. On les trouve de la surface à 60 m de profondeur, fixés sur les roches, les surplombs ou même les algues, les gorgones et les éponges.

Distribuée uniquement en Méditerranée occidentale et en Atlantique nord-est.

Espèces similaires : *Clavelina nana* lui ressemblent mais sont plus petites. Le pédoncule qui les fixe au fond reste nettement plus visible. *Diazona violacea*, forment des «bouquets» de plusieurs individus de couleur jaune-verdâtre.

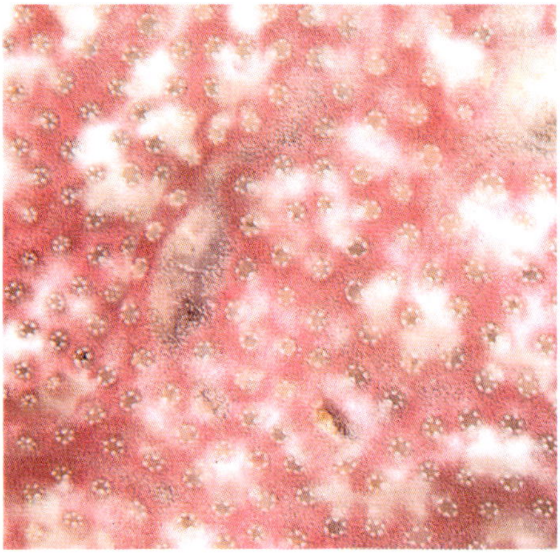

Polysyncraton lacazei

Synascidie de la famille des Didemnides formant des croûtes de couleurs variées, violette, orange ou jaune, d'une vingtaine de centimètres de long. Présente de la surface à 50 m de profondeur dans les endroits ombragés.

Répandue dans toute la Méditerranée. Très fréquente par endroits dans le golfe de Corinthe.

A noter : ne pas confondre avec certaines éponges comme *Hamigera hamigera*.

Espèces similaires : il en existe plusieurs, difficiles à distinguer les unes des autres sans étude détaillée.

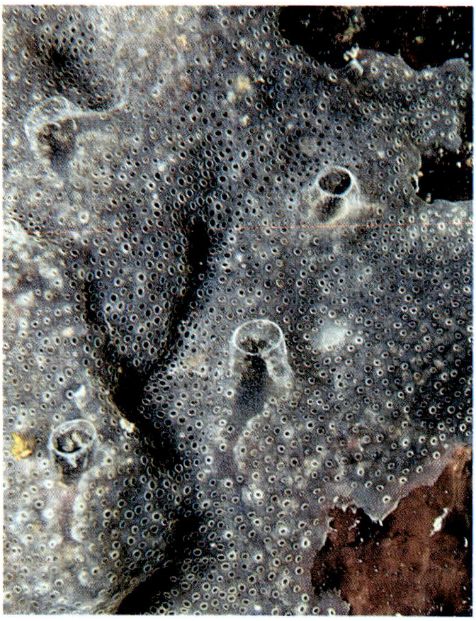

Diplosoma listerianum

Synascidie encroûtante de couleur exclusivement bleutée et d'une transparence remarquable. De ce fait, il est impossible de la confondre avec des éponges encroûtantes. On la rencontre sur des surfaces rocheuses, dans les surplombs jusqu'à 50 m.

Espèce endémique de Méditerranée.

Botryllus schlosseri

Synascidie sciaphile des petits fonds aux colonies de 10 cm de diamètre maximum. Vit surtout sur la face inférieure des pierres ou sur les rhizomes de posidonie. Sa coloration est très variable.

Espèce rencontrée surtout en Méditerranée occidentale et en Atlantique nord-est.

Botrylloides leachi

De coloration variable, cette synascidie partage le même biotope que la précédente. Les individus forment des chaînes bien disposées en longueur ce qui les distingue aisément de *B. schlosseri*. Ils mesurent environ 2 mm. Se fait rare dans la partie orientale de Méditerranée.

Distribution identique à la précédente.

LES ECHINODERMES

Les échinodermes sont des animaux exclusivement marins qui appartiennent à un phylum ancien datant de l'ère primaire. On les répartit en 5 classes, mais d'autres ont existé jadis, aujourd'hui éteintes. Caractérisés par une symétrie radiaire pentamère, ce sont des organismes triploblastiques, autrement dit leur corps est composé de 3 couches de cellules différentes, l'ectoderme, le mésoderme et l'endroderme. Ils possèdent un squelette calcaire formé à l'intérieur du corps contrairement aux mollusques gastéropodes ou aux crustacés. L'échinoderme simple présente la bouche au centre de la face inférieure et l'anus sur la région aborale, tous deux reliés par le tube digestif. Des pieds ambulacraires assurent la locomotion et sont régénérés par un système hydraulique compliqué. L'eau pénètre par une plaque madréporique qui joue le rôle de filtre et circule dans les canaux aquifères souples jusqu'aux pieds ambulacraires. En outre, plusieurs ventouses placées sur la face inférieure de chaque bras les aident à se déplacer et à se nourrir.

La reproduction des échinodermes s'opère de façon sexuée. De manière générale, les sexes sont séparés et la fécondation est externe. Les larves pélagiques à symétrie bilatérale font partie du plancton avant de se transformer en jeunes échinodermes une fois arrivées au fond.

Les 5 classes se répartissent de manière suivante :

— Les crinoïdes, comme la comatule, *Antedon mediterranea,* ne sont pas abondants en Méditerranée au contraire des autres mers du globe. Dans son plus jeune âge, la comatule vit fixée au fond à l'aide d'un pédoncule. Après ce stade nommé *pentacrinus,* l'animal se sépare du pédoncule et évolue librement. Sa structure, différente de celle de l'échinoderme simple, place la bouche et l'anus du même côté. La région dorsale du disque porte les cirres, appendices spécialisés pour maintenir l'animal sur un support tel qu'une gorgone. Les 10 bras longs et minces possèdent des pinnules qui attrapent les particules planctoniques et les transportent jusqu'à la bouche à l'aide des sillons ambulacraires. La locomotion s'opère par la flexion des bras, à l'exemple des ophiures. Les crinoïdes peuvent présenter une symbiose avec certains vers polychètes ou des crustacés isopodes.

— Les astérides, appelés couramment étoiles de mer, possèdent généralement 5 bras capables de se régénérer rapidement en cas de perte. Il existe pourtant des anomalies et des individus à 4 ou 6 bras au sein d'une même espèce. D'autres espèces comme *Coscinasterias tenuispina* en possèdent de 7 à 10. Carnivores, ce sont des prédateurs à l'affût des coquillages, des crabes et des poissons morts. Certains astérides préfèrent un biotope de type sablonneux tandis que d'autres s'aventurent sur des surfaces rocheuses ou sur les rhizomes de Posidonie. Trois groupes d'étoiles de mer vivent en Méditerranée. Les premières possèdent des bras assez rigides avec une ou plusieurs rangées d'épines comme *Astropecten aurantiacus.* Les secondes possèdent des bras plus souples et moins plats caractérisés par l'absence d'épines latérales, comme *Echinaster sepositus.* Le troisième groupe a des bras trapus ainsi qu'un corps aplati comme *Asterina gibbosa.* Les piquants calcaires des astérides restent de petite taille, souvent difficiles à distinguer.

— Les ophiurides, comme *Ophiothrix fragilis*, sont des animaux fragiles aux bras fins et longs munis de pieds ambulacraires mais dépourvus de ventouses. Leur corps pentagonal ne possède pas d'anus. Les déchets sont donc rejetés par la bouche, située sur la face inférieure du disque central. Les bras formés de segments calcaires sont très fragiles. L'animal peut même provoquer une autotomie en cas de danger afin de se libérer. Il est pourvu d'une étonnante faculté de régénération et forme rapidement un nouveau bras. Ces animaux charognards peuvent se nourrir de poissons morts. Photophobes, ils se cachent sous les pierres pendant la journée.

— Les holothurides appelées couramment concombres de mer possèdent un corps allongé couvert d'une peau coriace et cuirassée. L'endosquelette réduit à des spicules calcaires, les sclérites, le rend mou au toucher. Plusieurs papilles couvrent l'animal et lui donnent un aspect hérissé. Les pieds ambulacraires sont disposés sur 3 rangées ventrales et 2 dorsales. La bouche possède des tentacules plumeaux rétractiles, capables d'attraper des particules de pleine eau. Mais l'animal se nourrit habituellement de détritus qu'il ingère avec la vase ou le sable. Certaines espèces, comme *Holothuria forskåli*, peuvent libérer par l'anus des filaments blancs et collants appelés tubes de Cuvier, afin d'immobiliser les agresseurs. Un parasite, le poisson *Carapus acus*, habite les cavités aquifères des plus grands spécimens comme *Holothuria* et *Stichopus* et il arrive que plusieurs individus utilisent la même holothurie. Les alevins consomment les organes reproducteurs de l'animal.

— Les échinides ou oursins possèdent un squelette calcaire appelé test, fait d'un assemblage de plusieurs plaques, à l'aspect sphérique et aplati au niveau de la région orale. Les épines calcaires mobiles qui le couvrent lui assurent sa défense, lui servent de moyen de locomotion, l'aident à se creuser une logette sur les surfaces calcaires et lui assurent une perception sensorielle. En outre, 5 rangées de pieds ambulacraires munis de ventouses lui permettent une meilleure locomotion sur les surfaces abruptes et de s'y maintenir. Des organes spéciaux en forme de pinces, les pédicellaires, nettoient l'animal, attrapent la nourriture et la transportent vers la bouche. Celle-ci possède 5 dents calcaires très fortes formant un cercle, capables de gratter les roches et les algues les plus dures. Il existe 2 types d'oursins : les oursins réguliers, à bouche et anus diamétralement opposés comme *Arbacia lixula* et les oursins irréguliers, de forme allongée, à la bouche située à l'avant et l'anus à l'arrière du corps. Ils sont couverts de piquants courts à l'aspect de fourrure et on peut distinguer la forme d'une étoile sur la face supérieure, suite au remaniement du système ambulacraire comme sur *Spatangus purpureus*, *Brissus unicolor*, entre autres.

Holothuria forskåli

Arbacia lixula

Oursin noir originaire des parties chaudes de la Méditerranée. Il atteint 11 cm de diamètre et ressemble étonnamment à l'oursin comestible *Paracentrotus lividus* dont il se différencie grâce à ses piquants plus longs et à sa coloration exclusivement noir-bleuté. De plus, il ne se couvre jamais d'objets. On le trouve à des profondeurs variant de 0 à 6 m. Le test est de couleur rose, strié de noir.

Distribué en Méditerranée et le long des côtes portugaises.

A noter : semble en expansion le long des côtes septentrionales, là où l'oursin comestible était autrefois répandu.

Page précédente :

Holothuria forskåli

L'holoturie noire peut atteindre la longueur de 40 cm. En dépit de son appellation commune, elle présente une coloration variable, outre le noir, du beige au marron avec des taches claires. On la trouve de la surface à 100 m, sur tous les fonds. Détritivore, elle avale le sable dont les substances nutritives. Connue pour l'expulsion des tubes de Cuvier pour stopper l'agresseur lorsqu'elle est manipulée.

Distribuée en Méditerranée, en Atlantique et dans la Manche.

A noter : ses cavités sont parfois habitées par le poisson *Carapus acus* et ses organes reproducteurs sont alors consommés par les alevins.

Espèces similaires : il en existe plusieurs qui n'expulsent pas les tubes de Cuvier, dont *H. stellati, H. tubulosa* et *H. Polii*, fréquentes sur le sable ou parmi les feuilles de posidonie.

Paracentrotus lividus

Oursin comestible d'un diamètre maximum de 12 cm. Contrairement à *A. lixula*, sa coloration varie du marron au noir, du violet au bleu. Brouteur d'algues, chaque individu se loge dans une cavité précise qu'il creuse à l'aide de ses piquants. Il a l'habitude de se couvrir de multiples objets, ce qui le rend facilement repérable. Rencontré de la surface à 35 m de profondeur, sur les roches ou les rhizomes de posidonie. Le test est de couleur verte.

Présent en Méditerranée et en Atlantique.

A noter : raréfié sur les côtes du bassin nord-occidental à cause d'une pêche intensive.

Espèces similaires : *Psammechinus microtuberculatus* lui ressemble mais ses dimensions sont réduites, jusqu'à 4 cm et ses piquants sont de longueur égale.

Centrostephanus longispinus

Un des oursins les plus rares de la Méditerranée. Ses piquants longs, fins et mobiles, annelés en alternance de blanc et de violet, atteignent 15 cm. La membrane venimeuse qui les recouvre peut provoquer des douleurs intenses. On le trouve de 5 à 100 m de profondeur environ. Le test ne dépasse pas 5 à 6 cm.

Rencontré dans toute la Méditerranée et en Atlantique nord-est.

A noter : sur la partie supérieure de son corps on remarque un jeu lumineux circulaire de couleur bleu-violet.

Sphaerechinus granularis

Grand oursin reconnaissable à sa couleur marron-violet et à l'extrêmité de ses épais piquants colorée de blanc pas plus longs que 2 cm. On le trouve jusqu'à 100 m de profondeur, sur les surfaces rocheuses ou coralligènes. Alors que les adultes sont fréquents aux faibles profondeurs, les jeunes restent sur les grands fonds. Le test atteint 12 cm de diamètre.

Distribué dans toute la Méditerranée et en Atlantique-est jusqu'au nord de l'Espagne.

Espèces similaires : *Echinus acutus* de couleur blanchâtre et aux piquants verts pouvant habiter des profondeurs jusqu'à 1000 m. *Echinus melo* lui ressemble beaucoup à la différence du test en forme pentagonale.

Détail

Spatangus purpureus

Oursin irrégulier des fonds sableux atteignant 12 cm. De couleur marron-violet, son corps est couvert d'épines courtes à l'aspect de fourrure dont quelques unes dépassent sur la face supérieure. Lucifuge, il se cache dans le sable pendant la journée pour séjourner à la surface la nuit afin d'avaler le sable et ses particules nutritives grâce à sa bouche pelleteuse située à l'avant du corps. Le test de couleur gris-blanc est caractérisé par une étoile dessinée sur le dos.

Distribué en Méditerranée et en Atlantique nord-est.

Espèces similaires : il en existe plusieurs dont *Brissus unicolor* de couleur grise et au test plus long, *Echinocardium cordatum* de couleur brun jaune et au test en forme de cœur, *Echinocyamus pusillus* de 12 mm appartenant à l'ordre des *Clypeasteroida,* ou dollars de sable, de couleur vert-gris.

Cidaris cidaris

Oursin des eaux profondes rencontré à partir de 20 m essentiellement sur les fonds sablo-vaseux. Les piquants sont longs, très épais et aérés. Sa coloration varie du rose sale au gris jaune. Le test atteint 6 à 7 cm de diamètre.

Distribué dans toute la Méditerranée, le golfe de Gascogne et au large de l'Irlande.

Espèces similaires : *Stylocidaris affinis* de taille inférieure, aux piquants plus courts et de coloration vive rouge-orangé. Rencontré sur les fonds sableux à partir de 10 m environ.

Ophidiaster ophidianus

Grande étoile de mer de couleur rouge-violacé. Atteint 35 cm de diamètre. Le disque central est petit et ses bras longs à l'extrémité arrondie. Sa peau semble moins granuleuse que *E. sepositus*. Espèce légèrement sciaphile. Se rencontre de la surface à 150 m de profondeur.

Présente dans le bassin méditerranéen oriental et au nord de l'Afrique. Rare sur les côtes nord-ouest du bassin.

Ci-contre :

Echinaster sepositus

Etoile de mer rouge, à l'aspect rêche et granuleux. L'une des plus communes de toute la Méditerranée. De 20 cm de diamètre maximum, elle possède généralement 5 bras. Se rencontre sur les surfaces rocheuses ou les rhizomes de posidonie, de la surface à 250 m de profondeur. Elle se nourrit de détritus et d'éponges.

Outre en Méditerranée, existe aussi en Atlantique, du nord jusqu'à la Bretagne.

Espèces similaires : *Hacelia attenuata* dépasse 20 cm en diamètre et se rencontre généralement plus profond. De couleur plus orangé.

Coscinasterias tenuispina

Etoile de mer aux bras de longueur variable et au nombre supérieur à 5. Cet habitant des faibles profondeurs est doté d'une étonnante faculté de régénération puisqu'il peut reconstituer un individu normal à partir de ses fragments. Il n'est donc pas rare de rencontrer une étoile munie du disque et d'un seul bras. De couleur variant du bleu au marron, atteint 10 cm de diamètre.

Outre en Méditerranée, existe aussi en Atlantique ouest et est.

Espèces similaires : *Marthasterias glacialis* atteint le diamètre de 40 cm et possède toujours 5 bras.

Astropecten sp. *(Ci-dessous)*

Les étoiles de ce genre ne sont pas munies de ventouses et sont dont condamnées à errer sur les fonds sableux. De grande taille, elles passent leurs journées enfouies dans le sable pour chasser la nuit oursins et mollusques bivalves. Une ou plusieurs rangées d'épines latérales caractérisent les bras.

Espèces similaires : *A. johnstoni* de petite taille, au diamètre maximum de 10 cm et de couleur gris-bleu. *A. aurantiacus*, au diamètre maximum de 60 cm et de couleur brun-rouge. *A. bispinosus*, à la double rangée d'épines latérales.

Ceramaster placenta

Etoile de mer de forme pentagonale et de coloration variable, jaune, brune ou rougeâtre. Atteint 16 cm de diamètre et habite les substrats plutôt mous à partir de 25 m de profondeur.

Distribuée dans toute la Méditerranée et dans le Golfe de Gascogne.

Espèces similaires : *Asterina gibbosa* de couleur verdâtre, de taille inférieure et aux bras nettement plus visibles munis à leur extrémité de pieds ambulacraires. Présente dans toute la Méditerranée. *Anseropoda placenta* de couleur rouge, à forme de patte d'oie. Plus fréquente dans le bassin occidental.

Ophiothrix fragilis *(Ci-dessous)*

Ophiure caractérisée par les stries le long des bras. Le disque central mesure 2 cm environ et les bras 5 cm. La face supérieure du disque central présente des protubérances en forme d'étoile, souvent de couleur jaunâtre. Habite toutes les profondeurs, même abyssales. Se rencontre dans les endroits obscurs, sous les pierres notamment. Les jeunes individus préfèrent les cavités d'éponges.

On la trouve dans toute la Méditerranée en Atlantique et en Mer du Nord.

Espèces similaires : *Ophiocomina nigra*, de couleur marron-noir et aux bras sans stries. *Ophiothrix quinquemaculata* de couleur jaune pâle rencontré à partir de 40 m, formant des rassemblements très importants.

Ophioderma longicauda

Grande ophiure mesurant jusqu'à 15 cm. De couleur marron ou verdâtre tacheté, son identification est aisée car elle possède des piquants très courts le long des bras. On la trouve en faibles profondeurs jusqu'à 70 m. Très agiles, les individus groupés sous les pierres sortent la nuit pour chasser.

Rencontrée en Méditerranée et en Atlantique jusqu'au Golfe de Gascogne.

LES MOLLUSQUES

Le phylum des mollusques est constitué d'animaux essentiellement aquatiques dont la majorité vit dans l'eau marine. Embranchement très important, ses 100.000 espèces donnent une image générale extrêmement diversifiée. Connus depuis la haute antiquité, pêchés pour nourriture, recherchés comme colorant, utilisés comme bijoux, monnaie d'échange ou instruments musicaux, les mollusques n'ont jamais cessé de fasciner l'homme par leur beauté singulière. Des 5 classes présentes en Méditerranée, celle des gastéropodes reste la plus importante.

— On répartit les espèces appartenant aux gastéropodes en 3 sous-classes : les prosobranches, les opisthobranches et les pulmonés.

Les prosobranches, du Grec «*proso*» qui signifie devant, tiennent leur nom de la transformation subie au stade du développement larvaire. En effet, une torsion de 180° ramène l'anus et les branchies à l'avant de la masse viscérale. Ils présentent des formes très variées. Les patelles *Patella coerulea*, sont coniques et broutent les algues près de la surface où elles se fixent solidement à l'aide de leur pied-ventouse. Le triton *Charonia tritonis,* la troque-jujube, *Calliostoma zizyphinus*, le cône *Conus mediterraneus,* ou le murex, *Murex brandaris*, sont de forme conique spiralée. Ces mollusques habitent toutes les surfaces et sont souvent carnivores. Ils possèdent en général un opercule de matière cornue qui ferme l'entrée aux agresseurs. Animal, coquille et opercule grandissent de concert. Les vermets, *Vermetus gigas*, habitent un tube calcaire non spiralé qui présente une ressemblance avec celui des vers tubicoles annelés comme le protule rouge.

Les opisthobranches, du grec «*opistho*» qui signifie arrière, tiennent leur dénomination de leurs branchies situées sur le dos de l'animal dépourvu de coquillage ou recouvert par le manteau. Appelés couramment limaces de mer ou nudibranches, ils présentent 4 types morphologiques : le doridien, caractérisé par la présence de branchies rétractiles autour de l'anus situé à l'arrière du corps comme *Peltodoris atromaculata*, l'eolidien, remarqué par ses multiples papilles dorsales, comme *Coryphella pedata*, l'anaspidien, caractérisé par des parapodes qui lui donnent un aspect ailé comme *Elysia viridis* et le type dendronatacé qui montre une série de branchies arboriformes autour du corps comme *Tritonia manicata.* Les opisthobranches sont connus du grand public pour leur coloration très attractive.

Les pulmonés enfin, ont transformé la cavité de leur manteau en poumon pour mieux résister à l'absence d'eau, comme *Gadinia garnoti* à l'aspect d'une patelle.

— Après les gastéropodes, voici la classe des polyplacophores qui comprend les chitons. Leur coquille se compose de 8 plaques mobiles entremêlées qui assurent la protection de l'animal. Ils broutent les algues ou les bryozoaires encroûtants près de la surface en évitant les déplacements fréquents. Fixés de la même manière que les patelles, il existe plusieurs espèces dont *Chiton olivaceus, Callochiton laevis, Lepidochitona cinerea.*

— La classe des bivalves est constituée des coquillages comestibles tels que moules, *Mytilus galloprovincialis*, coques, *Cardium edule*, coquilles Saint Jacques, *Pecten jacobaeus* et autres. Contrairement aux gastéropodes leur coquille se compose toujours de 2 pièces ou valves d'où leur appellation. Les bivalves habitent toutes les surfaces. Certains creusent les fonds sablovaseux pour s'enfouir, avec leur pied très développé à l'exemple des pétoncles, *Glycimeris*

glycimeris, d'autres se fixent sur les surfaces dures à l'aide de filaments adhésifs appelés byssus, comme les moules ou même se soudent aux pierres avec l'une des deux valves, à l'exemple des huîtres *Ostrea edulis*. Des espèces particulières perforent les roches calcaires par la sécrétion d'acides, comme la datte de mer *Lithophaga lithophaga*. Les bivalves sont des animaux planctonophages qui se nourrissent en filtrant l'eau sans arrêt à l'aide de cils vibratiles, créateurs de courant. Pour cette raison, les populations portuaires accumulent un grand nombre d'impuretés et de bactéries qui les rend impropres à la consommation.

— Quatrième classe, les céphalopodes, quoique assez proches des gastéropodes, ne possèdent pas beaucoup de points communs avec les autres mollusques. L'absence de coquille extérieure les caractérise.
Les seiches, *Sepia officinalis* et les calmars, *Loligo vulgaris,* ont pourtant une coquille interne appelée os chez les premières que l'on trouve facilement sur la grève et plume chez les seconds. Les pieuvres, *Octopus vulgaris,* elles, sont totalement dépourvues de coquille.
Très agiles, les céphalopodes possèdent un système nerveux et un cerveau complexes, escortés par un organe de vue très évolué qui se rapproche de l'œil humain. Leur facilité de déplacement généré par un jet d'eau est aussi remarquable. Equipés de la sorte, ils chassent crustacés et poissons à l'aide de leurs tentacules préhensiles au nombre de 8 ou 10 et munis de ventouses sur une ou plusieurs rangées. Leur bouche présente un bec puissant rappelant celui d'un perroquet. Deux armes redoutables viennent ajouter à leur système de défense. L'encre d'abord, libérée en un nuage persistant noir qui permet à l'animal de se propulser plus loin et de devenir invisible à l'ennemi ainsi que la capacité de mimétisme étonnante chez les pieuvres surtout, grâce aux cellules chromatophores responsables des jeux de couleurs changeant avec une rapidité extraordinaire.
On remarque les deux sexes bien distincts. La reproduction est sexuée et les œufs formeront directement de jeunes individus. Œufs de couleur blanche et d'allure filamenteuse chez les pieuvres, noirs et similaires à une grappe de raisins pour les seiches.
Au sein des céphalopodes, on distingue l'ordre des décapodes, animaux de pleine eau comme les calmars réunis en groupes ou les seiches qui touchent rarement les fonds. Fusiformes, ils possèdent 10 tentacules dont 8 courts et 2 longs protractiles, capables de capturer les proies et de les ramener jusqu'à la région orale à l'aide des ventouses. Les ailes translucides autour du corps sont typiques, surtout chez les seiches. Leur vitesse de déplacement vers l'arrière est très grande.
L'ordre des octopodes inclut les pieuvres. Territoriales, elles se confondent au paysage sous-marin et ne nagent principalement qu'en cas de danger.

— Enfin, la classe des scaphopodes réunit des mollusques habitant un coquillage long et tubulaire en forme de corne de quelques centimètres, comme *Dentalium vulgare* ou *D. rossati,* ce dernier vivant exclusivement sur les côtes de la Méditerranée orientale.
Ces animaux vivent enfouis dans le sable. Ils se nourrissent à l'aide de tentacules préhensiles qui attrapent des particules organiques, des petits coquillages et des foraminifères. Difficiles à distinguer au sein de leur milieu, on retrouve leur coquille blanchâtre, une fois morts sur le rivage.

Callochiton laevis

Comme tous les chitons, son dos est couvert de 8 plaques calcaires bouclées par une ceinture. De coloration variable, la première et la dernière plaques sont toujours plus sombres. Il atteint 2 cm. Vit dans les eaux peu profondes sous la face inférieure des pierres.

Présent en Méditerranée et en Atlantique.

Espèces similaires : plusieurs espèces partagent le même étage : *Lepidochitona cinerea* de coloration marron-gris et *Chiton olivaceus* de 4 cm de long, entre autres.

Haliotis lamellosa

Sa coquille calcaire auriforme mesure 7 cm, avec une série de trous sur toute sa longueur. Elle est couverte d'animaux et d'algues épibiontes tels que vers tubicoles, bryozoaires encroûtants ou foraminifères. Photophobe, l'animal vit caché sous les pierres et dans les anfractuosités en eaux peu profondes. Une fois mort, la surface intérieure nacrée du coquillage apparaît, de belle brillance.

Espèce endémique de Méditerranée.

Espèces similaires : *H. tuberculata* à la surface extérieure lisse et non lamellée, rarement colonisée par des organismes épibiontes.

Calliostoma zizyphinus

Sa coquille conique atteint 2,5 cm en hauteur. Vit sur les surfaces rocheuses de 1 à 100 m de profondeur. Sciaphiles, les individus des faibles profondeurs restent abrités dans les anfractuosités tandis que ceux habitant les grands fonds cherchent activement les hydraires dont ils se nourrissent.

Distribué en Méditerranée et en Atlantique, en Manche et en Mer du Nord.

Espèces similaires : le genre possède plusieurs espèces dont *C. granulatum* et *C. laugieri*, ce dernier de faibles dimensions et d'une belle couleur bleu-violacé.

Murex brandaris

Sa coquille longue et épineuse atteint 8 cm. L'animal vit sur les fonds sableux ainsi que dans les prairies d'algues. Carnivore, il n'hésite pas à attaquer des mollusques bivalves. La reproduction a lieu à la fin du printemps et il n'est pas rare d'observer les animaux groupés. Les œufs de couleur perlée forment une boule frisée dépassant parfois 50 cm de diamètre.

Présent en Méditerranée et en Atlantique proche.

A noter : dans l'Antiquité, le murex était largement pêché pour préparer la fameuse pourpre colorant des tissus phéniciens.

Espèces similaires : *M. erinaceus* et *M. trunculus*, de taille et de biotope similaires mais à la coquille plus courte et aux épines moins visibles.

Vermetus gigas

Animal ressemblant à un ver tubicole. Sa coquille de 20 cm de long et de 15 mm de diamètre est soudée sur les surfaces dures ou sur les algues calcaires du genre *Lithophyllum*, en eaux peu profondes. Sciaphile.

Espèce endémique de Méditerranée.

Espèces similaires : *V. triqueter* de taille et diamètre inférieurs.

Erosaria spurca

Porcelaine atteignant la longueur de 30 mm. Sciaphile, l'animal ne sort que la nuit pour chasser. Pendant la journée, il reste bien protégé sous les pierres ou dans les anfractuosités, à des profondeurs variant entre 0 et 30 m environ. Vivant, sa coquille est couverte d'une membrane hérissée qu'il rétracte à la moindre alerte.

Distribuée en Méditerranée, fréquente dans la partie orientale du bassin. On la trouve aussi en Atlantique.

A noter : aux Petites Antilles, on observe une sous-espèce *E. spurca acicularis*, à la coquille moins effilée.

Espèces similaires : les porcelaines sont rares en Méditerranée. Néanmoins, on rencontre aussi *Zonaria pyrum*, de couleur marron-rouge et *Luria lurida*, aux 4 taches sombres sur les extrémités, mesurant 6 cm et distribuée surtout dans le bassin oriental.

Conus mediterraneus

Sa coquille atteint 4 à 5 cm. L'animal vit sur les fonds durs couverts d'algues et de sédiments, souvent en eaux superficielles. Carnivore, les dents se sont transformées en un dard creux alimenté par une glande à venin qu'il utilise fréquemment pour paralyser ses proies ou ses agresseurs.

Espèce endémique de Méditerranée.

A noter : certains conus des Tropiques peuvent provoquer la mort d'un homme. L'espèce de Méditerranée est inoffensive pour l'homme.

Ci-dessous :

Buccinulum corneum

Sa coquille atteint 7 cm. L'animal sciaphile et d'activité nocturne est carnivore. Pendant la journée, il reste dans les anfractuosités, souvent en eaux superficielles mais on le trouve aussi jusqu'à 30 m.

Espèce endémique de Méditerranée, fréquente dans le bassin oriental (Cyclades).

Aplysia punctata

Nudibranche de 15 cm maximum. Fréquent dans les eaux peu profondes, on l'observe rampant sur les fonds durs couverts d'algues dont il satisfait ses besoins nutritifs assez élevés. Il n'est pas rare de le voir nager en pleine mer.

Distribué en Méditerranée et en Atlantique.

A noter : agressé, il expulse un liquide violacé afin de décourager l'importun.

Espèces similaires : *A. depilans* de couleur marron uniforme atteint 30 cm. *A. limacina* possède une bordure rougeâtre au bord des nageoires.

Ci-dessous :

Thuridilla hopei

Nudibranche du type anaspidien, l'un des plus vivement colorés. De longueur maximale de 2,5 cm, il vit souvent groupé sur les surfaces dures couvertes d'algues dont il se nourrit, en eaux superficielles.

Espèce endémique de Méditerranée.

Berthella aurantiaca

Pleurobranche à coloration variant du jaune au rouge-orangé. Il possède une coquille interne rudimentaire. Ses branchies situées latéralement sont couvertes par le manteau. Consomme les synascidies de la famille des Didemnidés. Longueur maximale de 6 cm.

Distribué en Méditerranée et en Atlantique.

Espèces similaires : *Pleurobranchus membranaceus,* de plus grande taille et de coloration plus terne, au mode de vie similaire.

Coryphella pedata

Nudibranche du type eolidien de 6 cm. Habite les eaux superficielles et se rencontre notamment sur les hydraires dont il se nourrit. Il y dépose aussi ses œufs à l'aspect de fils emmêlés.

A part en Méditerranée, existe en Atlantique.

Espèces similaires : *Flabellina affinis* lui ressemble par sa coloration mais le bout extrême de ses rhinophores est lamellé et il ne porte pas de tâches blanches.

Caloria elegans

Opistobranche plutôt rare n'excédant pas 25 mm. On le rencontre à des profondeurs variant de 2 à 25 m dans les endroits obscurs comme la face inférieure des pierres. Il se nourrit de bryozoaires et d'ascidies.

Espèce méditerranéenne. Semble être mieux distribué dans la partie occidentale.

Hypselodoris elegans

Nudibranche du type doridien, le plus grand de Méditerranée avec 20 cm de longueur. S'aventure sur les surfaces dures couvertes d'algues et même sur les éponges ou les feuilles de Posidonie, en eaux peu profondes.

Distribué exclusivement en Méditerranée.

Espèces similaires : il en existe plusieurs dont la coloration est semblable mais de dimensions réduites. Citons : *H. tricolor* de couleur bleu bordé d'orange, *H. gracilis* aux lignes médianes jaunes, *H. cantabrica* présent uniquement dans la partie occidentale, de couleur bleu et au dos tacheté de jaune pâle.

Ponte d'un nudibranche

Peltodoris atromaculata

Doridien aux taches marron-sombre sur fond blanc typique. Mesure jusqu'à 7 cm. Habite les surfaces dures et les rhizomes de Posidonie. Fréquemment observé en train de brouter l'éponge *Petrosia ficiformis*. Durant les mois chauds, remonte vers la surface.

Espèce endémique de Méditerranée.

Ci-dessous :

Pinna nobilis

Grande nacre pouvant mesurer 1 m et rencontrée jusqu'à 40 m de profondeur. Ses 2 valves sont piquées sur les fonds sableux et s'y maintiennent à l'aide de filaments dorés appelés byssus, autrefois très prisés pour la fabrication des vêtements des hautes personnalités. Sa coquille est couverte d'une faune épibionte (vers tubicoles, ascidies ou même algues), tandis qu'à l'intérieur vivent des animaux symbiotiques (crustacés du genre *Alpheus* ou le crabe *Pinnotheres pinnotheres*).

Espèce endémique de Méditerranée.

A noter : à cause d'une pêche intensive aux fins alimentaires ou décoratives, l'espèce est déclarée menacée et sous protection.

Espèces similaires : *P. rudis* de taille inférieure et couverte d'épines, *P. pectinata* à la surface lisse et rencontrée en eaux profondes entre 50 et 500 m.

Lima hians

Sa taille n'excède pas 3 cm. On le trouve coincé dans les anfractuosités ou sous les pierres, à des profondeurs entre 0 et 100 m. La coloration des tentacules est toujours orangée. Capable de nager sur une courte distance.

Distribué en Méditerranée et en Atlantique.

Espèces similaires : *L. lima*, forme des eaux profondes à la coquille et aux tentacules entièrement blancs.

Sepia officinalis

Céphalopode répandu dans toute la Méditerranée, la seiche atteint 40 cm, sans compter ses 2 tentacules protractiles. Habite les fonds sableux et les herbiers de Posidonie où elle s'enterre souvent dans le sable. Pendant la période des amours, les mâles présentent des zébrures irrégulières noires et blanches. Les œufs en forme de grappes de raisin noir sont déposés sur toutes les surfaces solides. La seiche possède une coquille blanche interne rejetée fréquemment sur les plages.

A noter : en position de défense, la seiche soulève ses deux tentacules supérieures, comme sur la photo. Puis elle fuit en libérant un nuage d'encre.

Espèces similaires : *S. elegans* plus petite possède une coquille interne à l'extrémité pointue.

Loligo vulgaris

Le calmar possède un corps fusiforme de 50 cm maximum qui porte 2 nageoires. Rencontré en groupes stationnés dans les eaux peu profondes, souvent près des herbiers de Posidonie. Ses changements de coloration sont fréquents, signe de dérangement.

On le trouve en Méditerranée et en Atlantique.

Espèces similaires : il en existe plusieurs dont *Ommastrephes sagittatus* atteignant 60 cm et *Allotheutis subulata*, seulement 15 cm.

Octopus vulgaris

Le poulpe peut atteindre 2,5 m d'envergure totale et peser 20 kilos. Cependant, on rencontre plus fréquemment des individus de 2 kilos environ, sur les surfaces rocheuses notamment et jusqu'à 50 m de profondeur. Territorial, il «patrouille» sur à peu près 10 m^2 aux alentours de son habitat protégé par des objets diverses qu'il a amassé. Chaque tentacule est équipé d'une double rangée de ventouses. A la période des amours, il lui sert à introduire un paquet de sperme enrobé de mucus chez la femelle. Les œufs forment des grappes filiformes blanches accrochées au plafond de son habitat.

Présent en Méditerranée et en Atlantique.

Espèces similaires : *O. macropus* aux longs bras fins et *Ozaena moschata* aux tentacules à simple rangée de ventouses.

LES CRUSTACÉS

Les Arthropodes constituent le phylum le plus important en nombre de tout le règne animal. Sur terre, il est représenté par les araignées et les insectes, sous l'eau, par la classe des crustacés.

La morphologie générale des crustacés est extrêmement diversifiée, tout comme leurs dimensions qui peuvent aller du minuscule plancton au demi-mètre d'un bel homard.

Leur corps se divise en 3 parties : la tête, qui porte 2 paires d'antennes contrairement aux insectes qui n'en possèdent qu'une, le thorax, muni de 8 paires d'appendices pour faciliter la locomotion et la préhension, ainsi que l'abdomen, avec ses 5 paires d'appendices, qui se termine par une queue plus ou moins visible d'une espèce à l'autre. Une carapace formée d'une substance appelée chitine enveloppe le corps. Elle est continuellement renforcée par des sécrétions de calcium. Cette armure ne suit pas le développement de l'animal comme c'est le cas chez les mollusques. Pour cette raison, les crustacés sont obligés de la quitter à des intervalles réguliers et d'en former une nouvelle. C'est la période de mue.

La classe des crustacés est assez complexe. Elle réunit la sous-classe des cirripèdes et celle des malacostracés. A son tour, la dernière se divise en plusieurs ordres, sous-ordres et divisions, rassemblant des animaux souvent invisibles à l'œil du plongeur. Ceux qui présentent un intérêt pour le naturaliste amateur sont décrits ci-après.

— La sous-classe des cirripèdes comprend des animaux à l'apparence singulière. Ce sont les anatifes qui ressemblent à des mollusques bivalves et les balanes qui rappellent les patelles. Il s'agit de crustacés munis d'un exosquelette fabriqué par des plaques calcaires. Ils se nourrissent de plancton en filtrant l'eau. Ils sont hermaphrodites.

— La sous-classe des malacostracés répertorie des animaux de tailles très variées et, comme nous l'avons dit, se divise en plusieurs ordres :

— les stomatopodes dont la squille-mante, *Squilla mantis*, peut atteindre 25 cm et ressemble à une mante religieuse.

— les mysidacés, à l'aspect de crevettes, ne dépassent pas 2 cm et habitent l'étage infralittoral parmi les algues et les anémones. Difficiles à distinguer à cause de leur transparence comme *Leptomysis mediterranea.*

— les isopodes possèdent un corps aplati et hémisphérique. Ils sont surtout connus en tant que parasites de poissons comme *Anilocra physodes*, mais certaines espèces s'aventurent hors de l'eau sur les rochers comme *Ligia italica.*

— les amphipodes ne dépassent pas 2 cm. La caprelle, animal le plus connu, ressemble à l'insecte phasme. On l'observe surtout sur les hydraires et les algues, dressé en équilibre sur ses pattes arrière d'où son nom scientifique *Caprella aequilibra.*

— les décapodes réunissent les crustacés les plus connus des gourmets. Les crevettes à l'exosquelette assez léger habitent toutes les surfaces, parfois même les cavités intérieures d'éponges. Elles ont la taille de 1 à 5 cm, comme la crevette grise, *Crangon crangon* et le bouquet, *Palaemon serratus.* Les langoustes, *Palinurus elephas*, les cigales de mer, *Scyllarus arctus* et *Scyllarides latus*, les homards, *Homarus gammarus* et les langoustines, *Nephrops norvegicus*, sont des crustacés à carapace solide vivant sur les fonds rocheux et sableux, recherchés pour leur chair savoureuse. Il y a aussi les galathées, *Galathea strigosa* et *Galathea squamifera*, à l'abdomen replié sous le thorax, les pagures, *Dardanus arrosor*, qui vivent dans les coquillages des mollusques gastéropodes, les porcelaines, *Porcellana platycheles*, mesurant à peine 2 cm et vivant sous les pierres et enfin les crabes, marcheurs de toutes surfaces, des côtes jusqu'aux grandes profondeurs, comme l'araignée de mer, *Maia squinado*, le crabe jaune, *Eriphia verrucosa* et beaucoup d'autres.

Certains crustacés, à cause d'une chasse extensive, tendent à se raréfier. C'est le cas notamment des langoustes et des cigales de mer.

Balanus perforatus

Ces crustacés sessiles habitent dans une coquille fixée sur les roches près de la surface, aux endroits à fort hydrodynamisme. L'animal bâtit autour de lui des plaques calcaires formant une sorte de petit cratère. Il se nourrit d'animaux planctoniques.

A part en Méditerranée, distribué également en Atlantique.

A noter : les moules sont souvent colonisées par les balanes tout comme les carapaces de tortues.

Espèces similaires : *Chthamalus stellatus* à la carapace aplatie, *Verruca stroemia* à la carapace asymétrique et *Acasta spongites* qui vit enfouie dans une éponge, comme son nom l'indique

Lepas anatifera

Ces étranges crustacés à l'apparence de mollusques bivalves se fixent à plusieurs sur les objets flottant en pleine mer tels que sacs plastique, bouts de bois, bouées ou coques de bateaux. Ils se nourrissent de plancton. Leur coquille est constituée de 5 plaques calcaires d'environ 5 cm et un pédoncule de 30 cm maintient l'animal.

Distribué en Méditerranée, en Atlantique et en Baltique.

Espèces similaires : *Choncoderma virgatum* de couleur jaunâtre translucide et au pédoncule plus court.

Clibanarius erythropus

L'animal de 3 cm habite dans les coquillages de gastéropodes où il se maintient grâce à sa nageoire caudale, à la façon d'une ancre. Son abdomen dépourvu de segmentation est mou et long.

Rencontré dans les eaux superficielles de Méditerranée.

Espèces similaires : il en existe plusieurs dont la couleur des yeux, les pattes et les antennes sont à étudier minutieusement avant de prononcer une détermination exacte.

Dardanus arrosor

Avec ses 15 cm, le plus grand pagure de Méditerranée. On le trouve sur les surfaces rocheuses entre 2 et 80 m de profondeur. Habite les coquillages des mollusques gastéropodes tel que *Phalium granulatum undulatum,* fréquemment colonisé par les anémones symbiotiques *Calliactis parasitica*. Elles bénéficient de ses repas tout en lui offrant une protection grâce à ses aconties, filaments urticants.

A noter : au fur et à mesure que le pagure grandit, il cherche un nouveau coquillage où les anémones le suivent.

Espèces similaires : *Eupagurus prideauxi,* aux dimensions plus modestes, vit en symbiose avec l'anémone *Adamsia palliata.*

Oxyrhynques

Crabes piriformes légèrement triangulaires avec le rostre pointu généralement à 2 épines. Leurs dimensions sont réduites : 1 cm pour *Acanthonyx lunulatus* à 20 cm pour *Maia squinado* connu comme araignée de mer. Habitent les surfaces dures en eaux moyennement profondes.

Espèces similaires : il en existe plusieurs mais leur détermination n'est pas aisée pour le simple observateur, à cause de leurs faibles dimensions.

Xantho hydrophilus

Petit crabe de 3 à 4 cm aux pinces noires caractéristiques. Très photophobe, il habite la face inférieure des pierres dans les eaux côtières.

A noter: ne pas confondre avec *Eriphia verrucosa* à l'aspect similaire mais de taille supérieure, 15 cm.

Calappa granulata

D'aspect bombé, ce crabe atteint 13 cm. Ses larges pinces lui permettent de s'enfouir dans le sable où il vit généralement. En cas d'agression, il ne laisse apparaître que ses yeux. On le trouve à des profondeurs allant de 25 à 250 m environ. Vit parfois en groupe.

Distribué en Méditerranée et en Atlantique.

A noter: fréquent dans le bassin oriental. Sa pêche n'est pas systématique.

Ci-contre :

Dromia personata

Crabe à la carapace bombée de 13 cm et entièrement velu à l'exception de ses pinces colorées de rose-violet. Les pattes postérieures placées assez haut maintiennent sur son dos une éponge ou même des algues dans le but de se camoufler. Ces hôtes continuent à croître jusqu'à recouvrir entièrement l'animal, difficile à distinguer quand il n'est pas en mouvement.

On le rencontre sur les fonds rocheux dans toute la Méditerranée.

A noter : ne pas confondre avec la petite araignée de mer, *Maia verrucosa*, elle aussi couverte de multiples algues.

Ci-dessus :

Pachygrapsus marmoratus

Très fréquent en eaux superficielles, le crabe marbré s'aventure hors de l'eau grâce à ses cavités branchiales contenant une réserve d'eau. Très agile, à l'acuité visuelle développée, il se cache dans les anfractuosités et les fissures du rocher. Nourrit les mouettes et les oiseaux marins. Mesure 5 à 6 cm.

Espèce endémique de Méditerranée.

Palinurus elephas

Connue pour sa valeur gastronomique, la langouste habite souvent en groupe les fonds rocheux qui présentent des anfractuosités et des petites cavernes, de la surface à 80 m de profondeur. Elle atteint un demi mètre et se nourrit la nuit d'animaux en décomposition. A l'approche du plongeur, elle émet un son désagréable provoqué en bougeant la base de ses antennes. L'hiver, elle émigre vers les eaux profondes.

Distribuée en Méditerranée et en Atlantique nord-est.

A noter : trop chassée par endroits, la population subit des diminutions inquiétantes.

Espèces similaires: le homard *Homarus gammarus* se distingue facilement grâce à ses deux énormes pinces. La langouste africaine *Palinurus regius* est présente au nord de l'Afrique et à coloration uniforme verdâtre.

Scyllarides latus

La cigale de mer atteint 50 cm et ses pattes ainsi que ses antennes sont bordées de violet. Reste pendant la journée dans les endroits obscurs, de préférence les plafonds des cavernes et les fentes des fonds rocheux, jusqu'à 80 m de profondeur. Malgré ses mouvements lents, elle peut s'enfouir rapidement en cas d'agression.

Présente en Méditerranée , plus fréquente dans le bassin oriental et jusqu'aux côtes portugaises.

Espèces similaires : *Scyllarus arctus* de taille inférieure, avec le bord de la seconde paire d'antennes dentelé et le pédoncule des yeux rouge-orangé.

Alpheus megacheles

Crevette caractérisée par ses pinces au développement disproportionné. Atteint 2,5 cm et vit dans les cavités d'éponges ou en symbiose à l'intérieur des nacres. Elle produit un son sec, comme du ver cassé, avec ses pinces afin de décourager ses agresseurs et pour étourdir et attraper ses proies.

Espèce endémique de Méditerranée.

A noter : les espèces vivant dans les algues sont colorées de brun.

Espèces similaires : *A. dentipes* de taille et de couleur similaires et *A. ruber* forme abyssale de taille supérieure et de couleur rougeâtre.

Palaemon serratus

Apprécié des gourmands, le bouquet atteint 10 cm. Son corps est transparent rayé marron aux pattes colorées de jaune. Pendant la journée, il reste dans les coins obscurs ou dans les algues pour sortir à la recherche de nourriture dès le coucher du soleil. Les jeunes individus sont très abondants dans les flaques d'eau.

Distribué en Méditerranée et Atlantique nord-est.

Espèces similaires : il en existe plusieurs dont *P. xiphias* au long rostre, *P. elegans* et *P. adspersus* très similaires.

Lysmata seticauda

Crevette des faibles profondeurs aux fines lignes rouges parallèles et aux 6 bandes verticales le long de l'abdomen. Habite les fonds rocheux parmi les cailloux où elle se maintient à l'abri de la lumière pendant la journée. Protandrique, elle se transformera en femelle avec l'âge. Peut atteindre la longévité de 5 ans!

Présente en Méditerranée et plus abondante dans le bassin ouest.

Espèces similaires: *Parapandalus narval* lui ressemble mais ne possède pas de bandes sombres. Souvent en nombre important.

Gnathophyllum elegans

Crevette des eaux superficielles qui peut parfois descendre jusqu'à 20 m de profondeur. Ne dépasse pas 25 mm. Photophobe, vit sous les algues calcaires du genre *Pseudolithophyllum*, dans les anfractuosités. N'apparaît que la nuit ou pendant la journée dans les grottes sous-marines. Parfois en couple.

Espèce endémique de Méditerranée, plus fréquente dans le bassin oriental.

A noter : avec les crevettes *Periclimenes amethysteus* et *P. scriptus*, ce sont les plus belles crevettes de Méditerranée.

LES POISSONS

La plupart des livres animaliers consacrent une grande partie de leurs pages aux vertébrés. Pourtant cette catégorie à qui nous, humains, appartenons aussi, ne représente qu'à peine 2% des organismes vivants sur la planète. Mais il est vrai que même dans l'eau, les vertébrés et notamment les poissons sont les animaux les plus charmeurs pour les observateurs.

La majorité des poissons appartient à 2 grandes classes, les Chondrichthyens et les Ostéichthyens. Il en existe une troisième qui comprend les vertébrés les plus primitifs: la classe des Cyclostomes. Appelés également Agnathes, à cause de l'absence de mâchoire, ces poissons se fixent sur leurs congénères plus importants grâce à leur bouche en forme de ventouse. C'est ce que fait la lamproie, *Petromyzon marinus*, par exemple.

Les Chondrichthyens possèdent un squelette cartilagineux. Ce sont les poissons les plus imposants du globe: les requins, les raies et les chimères. Excellents chasseurs, les requins sont des carnivores amateurs de maquereaux, thons et bonites. Mais il existe des exceptions comme le requin pèlerin, *Cetorhinus maximus*, qui, malgré ses 14 m de long, ne base son alimentation que sur le plancton. Les raies, avec un corps aplati, vivent la plupart du temps sur les fonds sableux. Leurs nageoires pectorales surdéveloppées ressemblent à des ailes. Elles se nourrissent de mollusques, de crabes et de poissons à proximité du fond. Les chimères sont des poissons aux caractéristiques des Sélaciens à l'allure de poissons osseux. Benthiques, telle que *Chimera monstrosa,* ils vivent en général à plus de 1.000 m de profondeur et peuvent atteindre 1,5 m. Les Chondrichthyens possèdent un véritable réseau de détection des proies très perfectionné. Equipés d'un «sonar» capable de détecter les moindres mouvements à grande distance, ils sont aussi dotés d'un odorat pouvant repérer les molécules d'une substance comme le sang dans des concentrations même extrêmement faibles.

La reproduction des Chondrichthyens varie selon les espèces. Certains sont vivipares, d'autres ovipares. Les requins comme la saumonette de nos marchés pondent leurs œufs près du fond. Les pêcheurs les ramènent souvent à la surface dans leurs filets. Le requin taureau, *Odontaspis taurus,* donne naissance à des petits parfaitement formés. On peut également remarquer le cannibalisme intra-utérin. Les requins éclos dévorent les autres !

L'écrasante majorité des poissons appartient à la classe des Ostéichthyens qui possèdent un squelette osseux. Ils habitent à toutes surfaces, de la lisière de l'eau jusqu'aux profondeurs abyssales. Chaque espèce partage avec d'autres un «étage» des fonds sous-marins. Et la conquête des territoires reste l'une de leurs activités préférées, au moins pour les poissons benthiques, souvent condition *sine qua non* de leur survie. Ils se livrent donc d'homériques combats. Par contre, les poissons pélagiques sont souvent condamnés à errer sans cesse, sans domicile fixe. La plupart des Ostéichthyens possèdent une vessie gazeuse ou natatoire, organe fantastique qui leur permet de se stabiliser à n'importe quelle profondeur avec une flottabilité neutre. Les plongeurs les imitent avec leur bouée de plongée. Cette vessie contient de l'oxygène, de l'oxyde de carbone et de l'azote. La sécrétion du gaz est effectuée par une glande spéciale, mais certains poissons comme l'hippocampe sont obligés de remplir leur vessie dès la naissance en avalant une bulle d'air à la surface. Les animaux dépourvus de cette vessie restent donc soit au fond comme les blennies pour les poissons benthiques, soit nagent constamment comme la pélamide pour les poissons pélagiques.

La reproduction des Ostéichthyens s'effectue de façons très diverses. On rencontre bien sûr des poissons mâles et femelles dans chaque espèce, mais certaines présentent aussi une inversion sexuelle. C'est le cas du mérou qui débute sa vie dans l'état femelle pour devenir ensuite mâle. On nomme ces poissons hermaphrodites protogynes. *A contrario* les dorades naissent mâles et meurent femelles. Ce sont des hermaphrodites protandres. Le serran possède les deux sexes à la fois et peut, au moins en théorie, s'auto-féconder. C'est un hermaphrodite synchrone. Mais la fécondation externe reste la méthode la plus fréquente. Certaines espèces benthiques, comme le labre, construisent des nids similaires à ceux des oiseaux pour déposer leurs œufs.

Au biotope et à la reproduction, viennent s'ajouter d'autres critères d'observation des mœurs des poissons. Leur cycle de vie notamment, avec les poissons diurnes qui se nourrissent pendant la journée et les poissons nocturnes qui chassent uniquement la nuit, comme les congres et les rascasses. L'alimentation est aussi importante. Les castagnoles sont des planctonophages. Ils chassent en pleine mer les larves sans s'intéresser au phytoplancton consommé par les larves ou les sardines. Les mulets sont des poissons détritivores. Ils avalent le sédiment constitué de restes de végétaux ou de matières organiques déposé sur les fonds sableux, les rochers ou même flottant à la surface. Cette habitude alimentaire les rend très sensibles aux pollutions, surtout ceux vivant près des zones portuaires. Il existe d'autres poissons omnivores dont l'alimentation n'est pas basée sur les détritus, comme les gobies, les blennies ou les oblades. Une grande partie des poissons est carnivore. Les plus petits comme les labres, les grondins ou les soles par exemple, se contentent de mollusques, d'oursins, de vers ou de céphalopodes tandis que les grands sujets sont piscivores, comme les requins, les liches et les loups.

Ci-contre :

Scyliorhinus canicula

Requin de dimensions modestes, 80 cm maximum. Il est fréquent sur les fonds rocheux mais vit plus généralement sur les fonds meubles, de 10 à 400 m de profondeur. Poisson nocturne, chasse activement les crustacés et les mollusques, plus rarement les poissons. Ovipare, ses œufs formés d'une matière cornée présentent 2 filaments à chaque extrémité qui les fixent aux obstacles sous-marins comme les algues et les gorgones. Ils ont l'aspect général d'une pochette.

Très fréquent en Méditerranée, on le trouve aussi du Sénégal à la Norvège.

A noter : une fois dépouillé et étêté, il arrive sur le marché sous le nom de saumonette.

Espèces similaires : *S. stellaris* atteint 150 cm et vit généralement jusqu'à 60 m de profondeur. Les tâches sur son corps sont de taille supérieure.

Squalus acanthias

Au corps élancé, l'aiguillat atteint 120 cm et porte 2 aiguillons venimeux situés à l'avant de chaque nageoire dorsale. Vit sur les fonds meubles, entre 10 et 200 m. Visite parfois la surface mais reste surtout benthique. Migrateur, il forme des bancs et chasse les poissons. Vivipare, la femelle met au monde 4 à 6 embryons, au printemps ou en été.

Distribué, outre en Méditerranée, dans plusieurs mers du globe.

A noter : n'est pas dangereux pour l'homme. Sa chair est consommée dans certains pays méditerranéens.

Espèces similaires : *S. blainvillei* rencontré au-dessus de 50 m, au corps trapu et aux aiguillons plus longs.

Raja sp.

Les raies sont des poissons benthiques, plats, adaptés à la vie sur les fonds sableux où elles se cachent en attendant leur proie. Plusieurs épines plus ou moins visibles couvrent leur corps à forme de losange, ainsi que leur queue. Une fois séchée, celle-ci est utilisée dans certains pays comme un fouet épineux. Les raies sont ovipares et leurs œufs déposés sur le fond. En forme de pochette, on les appelle en Angleterre «porte-monnaie des sirènes». Une fois éclos, la coque est parfois rejetée sur les côtes avec les vagues.

On les trouve en Méditerranée à toutes profondeurs et en Atlantique.

A noter : ne pas confondre les Rajidés avec les Dasyatidés ou les Myliobatidés, respectivement pastenagues et aigles de mer, qui possèdent des aiguillons venimeux à la base de leur queue. *Dasyatis pastinaca* est connue pour les douloureuses piqûres qu'elle peut infliger aux pêcheurs ou aux nageurs.

Espèces similaires : *R. alba, R. oxyrinchus* et *R. batis* pour ne citer que 3 des 16 espèces fréquemment rencontrées en Méditerranée et difficiles à différencier.

Conger conger

Poisson anguilliforme, de couleur grisâtre et de 2,5 m maximum. Nocturne, le congre passe ses journées dans les coins obscurs, grottes, fentes, trous rocheux et même épaves, parfois en groupe. Fréquent à des profondeurs entre 1 et 100 m, il partage souvent les mêmes endroits que la mostelle *Phycis phycis*.

Distribué en Méditerranée et en Atlantique.

A noter : ne pas confondre avec l'anguille, *Anguilla anguilla*, plus fine et à mâchoire inférieure proéminente ou avec la murène, *Muraena helena*, de colorations jaune et marron marbré, habitant les faibles profondeurs.

Espèces similaires : *Ariosoma balearicum* et *Gnathophis mystax* habitent des profondeurs au delà de 80 m.

Lepadogaster candollei

Reconnaissable à son allure de têtard, ce poisson possède une ventouse thoracique qui lui sert à se fixer sur les substrats durs où il s'aventure. Sciaphile, vit dans les anfractuosités et sur la face inférieure des pierres. Sa coloration verdâtre mouchetée de blanc le distingue des autres membres de sa famille, ainsi que les traits rouges de chaque côté de sa tête.

On le rencontre en Méditerranée et plus fréquemment dans le bassin oriental ainsi que des Canaries jusqu'en Grande-Bretagne.

Espèces similaires : 6 existent en Méditerranée et *L. lepadogaster* est le plus fréquent, tacheté de sombre avec des traits bleus sur la partie postérieure des yeux. Parmi les rares, citons *Opeatogenys gracilis,* pas plus grand que 3 cm, de couleur rose clair marqué de blanc, rencontré près du littoral.

Phycis phycis

La mostelle brune présente des reflets violacés et ses nageoires dorsales et ventrales sont bordées de blanc. Atteint 60 cm et 2,5 kilos. Nocturne, passe ses journées dans les grottes et les anfractuosités d'où elle observe sans crainte le plongeur. Partage les mêmes endroits que les congres. On la trouve entre 1 et 200 m de profondeur.

Distribuée en Méditerranée et du Cap Vert au Golfe de Gascogne.

Espèces similaires : *P. blennoides* de coloration plus claire avec une tâche noirâtre au milieu de la deuxième nageoire dorsale, descend jusqu'à 800 m et mesure 110 cm. Fréquente parfois les grottes sous-marines à faible profondeur.

Atherina hepsetus

Ce poisson au corps élancé ne dépasse pas 13 cm. Il forme des groupes importants. Peut se maintenir au large mais reste plus fréquent près des côtes, à la tombée de la nuit notamment où il se fait dévorer par les dorades et les loups.

Espèce méditerranéenne.

Espèces similaires : *A. boyéri* a la même taille. *A. presbyter* atteint 20 cm et existe en Atlantique.

Dactylopterus volitans

Le grondin volant vit sur les fonds meubles entre 10 et 80 m de profondeur. Ses nageoires pectorales mouchetées et bordées de bleu luminescent lui servent à décourager l'ennemi, une fois déployées. Il creuse le fond avec la partie libre des pectorales, à la recherche de mollusques, vers et crustacés. Peut émettre des grognements à l'aide de sa vessie gazeuse. Les 2 longues épines en arrière du crâne sont caractéristiques.

Distribué en Méditerranée et en Atlantique.

A noter : appelé aussi poisson-volant, il ne faut pas le confondre avec les Exocoetidés qui, eux, font de véritables bonds hors de l'eau.

Espèces similaires : les Triglides ou rougets-grondin tel que *Trigloporus lastoviza* de couleur rouge-brun et aux nageoires pectorales nettement moins importantes.

Ci-contre :

Scorpaena scrofa

La rascasse de couleur rougeâtre se caractérise par les lambeaux cutanés sous sa mâchoire inférieure qui la distingue des autres espèces. Atteint 50 cm. Poisson indolent, elle se maintient immobile sur les surfaces rocheuses et ne bougera pas à l'approche du plongeur. Fréquente sur les profondeurs entre 5 et 500 m.

On la rencontre en Méditerranée et en Atlantique, du Sénégal au Golfe de Gascogne.

A noter : ses épines dorsales sont venimeuses et peuvent infliger de très douloureuses blessures.

Espèces similaires : *S. porcus* est de coloration plus terne et mesure jusqu'à 30 cm. *S. notata* est la plus petite des rascasses, pas plus de 20 cm, fréquente parmi les infractuosités à faible profondeur. *S. elongata* ressemble beaucoup à *S. scrofa* mais elle est plus élancée. *S. maderensis* habite à de faibles profondeurs, souvent confondue avec *S. porcus.*

Dicentrarchus labrax

Le loup au corps argenté et svelte mesure jusqu'à 1 m pour 10 kilos. Poisson diurne et vorace, il chasse à l'affût d'autres poissons. Vit d'abord en bancs pour devenir solitaire à l'âge adulte. Fréquent aux endroits à fort hydrodynamisme, de la surface à 100 m de profondeur.

On le rencontre en Méditerranée et des Canaries en Norvège.

A noter : apprécié depuis l'époque des Grecs antiques pour sa valeur gastronomique, sa culture est en pleine expansion. Appelé bar en Atlantique.

Espèces similaires : *D. punctatus* est moucheté de noir, au dos bleuté avec un corps plus trapu et aux épines operculaires plus marquées.

Ci-contre :

Epinephelus marginatus

Le mérou est un prédateur à l'aspect trapu, de coloration marron-foncé parcouru de lignes irrégulières blanchâtres. Mesure jusqu'à 140 cm pour 65 kilos. Habitant des fonds rocheux où il choisit un antre permanent, de 2 à 200 m de profondeur. Animal hermaphrodite protogyne, le changement de sexe s'effectue vers l'âge de 12 ans.

Présent en Méditerranée et en Atlantique est.

A noter : en raison d'une surpêche ainsi que des difficultés de son cycle de reproduction, la population du bassin nord-ouest de Méditerranée est devenue très faible. Des mesures de protection ont été prises.

Espèces similaires : *E. costae* a une silhouette plus effilée parcourue de lignes longitudinales. *E. aeneus* est similaire au précédent avec un corps plus cylindrique et la tête parcourue de lignes blanches. *Polyprion americanus*, hôte des grands fonds, dépasse parfois 70 kilos pour 2 m de long.

Serranus cabrilla

Le serran a l'allure d'un petit mérou et ne dépasse pas 35 cm. Vit sur les fonds rocheux ou près des prairies de Posidonie, entre 10 et 90 m. Chasseur, il ne s'éloigne pourtant pas de son antre. Hermaphrodite, il possède les 2 organes sexuels ce qui lui donne la possibilité de s'autoféconder.

On le rencontre en Méditerranée et en Atlantique jusqu'en Mer du Nord.

A noter : semble subir une raréfaction dans le bassin occidental.

Espèces similaires : *S. scriba* est décrit plus loin. *S. atricauda* existe seulement dans la partie occidentale. *S. hepatus* a une tâche noire sur la partie antérieure de la nageoire dorsale.

Serranus scriba

A l'allure d'un mérou miniature, il ne dépasse pas 25 cm et se caractérise par la tâche bleutée sur le ventre ainsi que les dessins calligraphiques sur sa tête rougeâtre. Poisson hermaphrodite. Habite les fonds rocheux et les prairies entre 1 et 50 m.

Distribué en Méditerranée et en Atlantique jusqu'au Golfe de Gascogne.

Espèces similaires : *S. cabrilla* (voir plus haut).

Apogon imberbis

Rouge vif, l'apogon atteint 15 cm. Nocturne, il passe ses journées dans les grottes et les anfractuosités, entre 2 et 50 m de fond environ. Il descend l'hiver à de plus grandes profondeurs. Le mâle garde dans sa bouche la ponte de la femelle afin d'oxygéner et de protéger les œufs, durant 7 à 8 jours. Condamné au jeûne complet, il peut mourir littéralement d'inanition en accomplissant plusieurs incubations successives.

A noter : ne pas confondre l'apogon avec *Anthias anthias*, appelés tous deux castagnole rouge. Le dernier est fréquent dans le bassin occidental aux fonds coralligènes.

Ci-contre :

Seriola dumerili

La sériole atteint 2 m pour le poids spectaculaire de 80 kilos. Son corps est de coloration argentée, aux flancs parcourus de lignes dorées. Côtiers, les jeunes suivent fréquemment les objets flottants, par exemple les grandes méduses. Pélagiques, les adultes fréquentent les fonds au delà de 20 m et forment des bancs. Difficiles d'approche.

Distribué en Méditerranée, en Atlantique jusqu'aux Antilles.

A noter : ne pas confondre la sériole avec les grands sujets de tassergal, *Pomatomus saltator,* pouvant atteindre 1 m et bien présents au nord de la mer Egée et dans la mer de Marmara.

Espèces similaires : la liche, *Lichia amia*, de coloration verdâtre et aux nageoires dorsales et anales bien développées et la carangue, *Pseudocaranx dentex,* au museau conique.

Mullus surmuletus

Le rouget vit sur les fonds sablo-vaseux où il creuse infatigablement à l'aide de ses barbillons mentonniers pour déterrer les vers et les mollusques dont il se nourrit. Sa coloration varie selon son humeur et son corps est parcouru d'une ligne rouge ou marron-foncé tandis que sa première nageoire dorsale est marquée de bandes jaunâtres. Atteint 40 cm. Vit de la surface à 100 m de fond.

A noter : les alevins sont pélagiques, de couleur bleutée.

Espèces similaires : *M. barbatus* au profil abrupt et à la première dorsale incolore. Vit en général plus profondément.

Sarpa salpa

Poisson argenté aux flancs parcourus de 10 à 11 lignes dorées. Habite les fonds entre 1 et 20 m, parmi les rochers, la posidonie ou en pleine eau. Forme des bancs importants. Herbivore, il broute les algues vertes.

Très commun en Méditerranée, on le trouve aussi en Atlantique tropical jusqu'au Golfe de Gascogne.

A noter : il s'agit d'un poisson hermaphrodite protandre.

Oblada melanura

De coloration gris-argenté, l'oblade présente une tâche noirâtre sur le pédoncule caudal. Atteint 25 cm. Poisson actif et omnivore vivant aussi bien sur les fonds rocheux que dans les herbiers de Posidonie ou au large. Migration verticale suivant l'heure du jour et les saisons.

On le rencontre en Méditerranée et en Atlantique nord-est, se faisant rare dans le Golfe de Gascogne.

Diplodus annularis

Avec ses 18 cm, le sparaillon est le plus petit sar de Méditerranée. Son corps ovale et comprimé de coloration jaune-argenté présente une tâche noire sur le pédoncule caudal. Vit sur les fonds rocheux et près des herbiers de Posidonie, souvent à faibles profondeurs.

On le trouve en Méditerranée et en Atlantique proche, rare dans le Golfe de Gascogne.

Espèces similaires : *D. vulgaris* possède, outre la tache du pédoncule caudal, une bande noirâtre verticale à l'arrière de la tête et les nageoires pelviennes jaunâtres.

Diplodus puntazzo

Le sar à museau pointu présente 6 à 7 rayures verticales sombres sur le corps qui tendent à disparaître avec l'âge. Atteint 45 cm. Vit sur les fonds rocheux, dans les anfractuosités et les endroits obscurs. Côtier, ne descend pas plus profond que 50 m.

Distribué en Méditerranée et en Atlantique tropical.

Espèces similaires : *D. cervinus* est le plus gros et le plus rare sar de Méditerranée, avec 5 à 6 bandes verticales sur le corps. *D. sargus* présente une tâche noire sur le pédoncule caudal. La nageoire caudale est bordée de noir.

Chromis chromis

La castagnole atteint 12 cm et forme des bancs importants. Se maintient en pleine eau à des profondeurs souvent faibles où elle consomme le zooplancton. L'individu juvénile à coloration bleu lumineux se réfugie dans les anfractuosités du rocher. Les adultes sont presque noirs. Les mâles territoriaux choisissent une surface rocheuse pendant la période des amours et la nettoient à l'attention de la ponte de la femelle. Ils veilleront ensuite sur la bonne oxygénation des œufs en soufflant de l'eau régulièrement dessus et les protégerons.

Distribuée en Méditerranée et de l'Angola au Portugal.

Mugil cephalus

Omnivores, les mulets sont fréquents sur les fonds sableux mais s'aventurent aussi dans les eaux sales des ports, à la sortie des égouts ou même en eaux douces. Au corps fusiforme couvert de grosses écailles, ils atteignent 120 cm pour un poids de 8 kilos. Les adultes, très méfiants, restent au large alors que les juvéniles se maintiennent en bancs non loin des côtes.

Commun en Méditerranée, rencontré en Atlantique tropical. Très rare au nord du Golfe de Gascogne.

Espèces similaires : il en existe plusieurs dont la détermination nécessite une étude minutieuse. Citons : le mulet lippu *Chelon labrosus* avec une tache noirâtre à l'aisselle des nageoires pectorales et *Liza aurata,* caractérisé par une tache dorée sur l'opercule.

Labrus turdus

Le labre vert, en dépit de son nom, présente une coloration variable du vert au brun-orangé. Moucheté de blanc, son corps élancé atteint le demi mètre en longueur. Vit près des côtes, sur les fonds rocheux et les herbiers de Posidonie où les jeunes individus se cachent au moindre danger. Carnivore.

Présent en Méditerranée et en Atlantique, du Maroc au Portugal.

Espèces similaires : *L. merula* au corps plus trapu et de couleur verdâtre ou bleu foncé maculé. Taille 45 cm. *L. bimaculatus* dont les mâles ont la tête bleue.

Symphodus ocellatus

Le crénilabre ocellé comme son nom l'indique, présente une tâche marron foncé sur l'opercule cerclée de bleu et de rouge. Dichromisme sexuel marqué. Les mâles sont de coloration plus vive. Atteint 12 cm. Vit sur les fonds rocheux couverts d'algues, à faibles profondeurs. En début d'été, construit un nid pour la ponte, à base d'algues, souvent sur les herbiers de Posidonie.

Espèce endémique de Méditerranée.

A noter : une sous-espèce, *Symphodus ocellatus bertini* se distingue par sa petite taille et sa coloration rouge-orangé.

Symphodus mediterraneus

Le crénilabre méditerranéen atteint 15 cm et présente une grande tâche noirâtre sur le pédoncule caudal ainsi qu'une autre noire ou bleutée, plus petite cerclée de jaune vif, à la base des pectorales. Ventre strié de bleu. Affectionne les fonds rocheux et les herbiers de Posidonie.

On le trouve en Méditerranée mais aussi en Atlantique, de la Mauritanie à la Mer du Nord.

Symphodus tinca

Le crénilabre paon présente un dichromisme sexuel bien marqué puisque les mâles sont de coloration jaune-vert clair marquée de lignes bleues et rouges et les femelles plus ternes, comme sur la photo. Elle atteint 25 cm pour 35 cm chez le mâle. Vit sur les fonds rocheux pas plus profonds que 20 à 25 m, où il se nourrit.

Distribué en Méditerranée et en Atlantique, du Maroc à l'Espagne.

A noter : en vue du crénilabre-nettoyeur *S. melanocercus*, le crénilabre paon se fige, tête haute, afin de l'inciter à le déparasiter. D'autres poissons comme les sars ou les saupes profitent de ce service.

Thalassoma pavo

La girelle paon présente un dimorphisme sexuel. La femelle est parcourue de lignes verticales turquoises alors que les mâles ont une coloration plus vive et sont de taille supérieure, 20 cm, comme sur la photo. Habite les profondeurs de 0 à 150 m.

Fréquente dans les parties chaudes de la Méditerranée, notamment le bassin oriental ainsi que des Canaries au Portugal.

A noter : hermaphrodite protogyne, l'inversion sexuelle peut se déclencher suite à un changement de la température des eaux.

Coris julis

La girelle présente un dimorphisme sexuel. Les mâles sont colorés de vert et parcourus de lignes en zig-zag rouge-orangé. Ils mesurent 25 cm. Les femelles atteignent seulement 18 cm avec le dos coloré marron et le ventre blanc-crème. Habite les fonds rocheux couverts d'algues de 0 à 120 m. Emigre l'hiver vers les profondeurs et s'enfouit dans le sable pour hiberner. Même attitude la nuit pour dormir.

On la rencontre en Méditerranée et des Canaries à la Norvège.

A noter : hermaphrodite protogyne, l'inversion sexuelle s'effectue avec l'âge. Les jeunes mâles portent les couleurs des femelles.

Uranoscopus scaber

Poisson des fonds meubles où il s'enfouit pour ne laisser paraître que ses yeux. Atteint 30 cm. Il utilise un leurre pour attirer ses proies vers lui : un appendice vermiforme protractile sortant de sa bouche. Le bord supérieur des opercules possède deux éperons pouvant causer de douloureuses blessures.

Distribué en Méditerranée et du Maroc au Portugal.

A noter : peut produire de faibles décharges électriques. A ne pas confondre avec les vives, *Trachinus* spp, aux épines venimeuses, ni avec la baudroie ou lotte, *Lophius piscatorius* à l'énorme tête aplatie.

Tripterygion tripteronotus

Poisson peu craintif à l'approche du plongeur qui présente un dichromisme sexuel évident : la femelle est de coloration brun clair avec des bandes sombres et le mâle rouge-orangé à la tête noire. Territorial, il protège contre toute invasion une surface de 2 à 3 m^2. Mesure 8 cm maximum et vit sur les fonds rocheux entre 1 et 10 m de profondeur.

Espèce endémique de Méditerranée.

Espèces similaires : *T. xanthosoma* est reconnaissable à la tâche sombre sur le pédoncule caudal. Descend jusqu'à 25 m de fond. *T. melanurus minor* au corps rouge vif et à la tête noire mouchetée de blanc habite les grottes et les anfractuosités.

Parablennius rouxi

Le blennie de Roux de coloration jaune-doré parcouru de 2 bandes sombres n'excède pas 8 cm. Vit sur les fonds rocheux entre 2 et 40 m de profondeur, notamment dans les petits trous causés par l'action perforatrice de certains bivalves. Se nourrit d'algues et de vers polychètes.

Distribué exclusivement en Méditerranée.

Blennius trigloides

Blennie de 13 cm maximum, moucheté de blanc et noir avec 6 à 8 bandes verticales sombres. Peu craintif à l'approche du plongeur, il vit en eaux superficielles et sur les fonds rocheux jusqu'à 5 m. S'expose à l'air entre deux vagues.

Distribué en Méditerranée et de Gibraltar jusqu'à la Manche.

Parablennius zvonimiri

Blennie de coloration variable selon la saison et l'humeur. Sa tête au profil abrupt porte de nombreux tentacules et il a une petite tâche sur la partie antérieure de la nageoire dorsale, pas toujours visible. Atteint 8 cm. Assez craintif, il habite les eaux peu profondes de la surface à 5 m environ, dans des endroits obscurs comme les trous causés par l'action érosive du bivalve *Lithophaga lithophaga*.

Espèce endémique de Méditerranée.

Espèces similaires : *Blennius incognitus* a un profil moins abrupt et ne possède pas de tâche sur la partie antérieure de la nageoire dorsale.

Callionymus risso

Le dragonnet au corps couvert de multiples taches sombres et claires atteint 8 cm de long. Il chasse pendant la journée et s'enfouit la nuit dans le sable pour lequel il est parfaitement adapté, à des profondeurs entre 5 et 150 m.

Existe en Méditerranée et en Atlantique tropical.

A noter : quoique la famille des Callionymidés présente un dimorphisme sexuel, celui-ci n'est pas marqué pour l'espèce. A ne pas confondre avec la vive *Trachinus draco*.

Espèces similaires : *C. lyra* connu pour sa parade nuptiale. En effet, le couple exécutant une sorte de danse remonte lentement vers la surface. Le mâle est reconnaissable grâce au premier rayon dorsal très long.

Gobius paganellus

Le gobie paganel au corps cylindrique atteint 15 cm environ. Territorial, le mâle garantie la survie des jeunes gobies après la ponte de la femelle. Présent en eaux superficielles jusqu'à 5 m. Vit dans les coins obscurs, crevasses et anfractuosités. Il lui arrive de se trouver dans les flaques d'eau à marée basse.

Distribué en Méditerranée et du Sénégal en Ecosse.

Espèces similaires : les gobies sont nombreux dans les eaux méditerranéennes et la détermination de chaque espèce ne peut se faire qu'après étude de plusieurs caractéristiques.

Gobius luteus

Gobie au corps jaune vif remarquable et ne dépassant pas 8 cm. Habite les fonds rocheux couverts d'algues et de sédiments, entre 5 et 60 m. Utilise fréquemment les anfractuosités et partage parfois le même territoire avec ses congénères. Craint la forte luminosité et le fort hydrodynamisme.

Espèce endémique de Méditerranée.

Espèces similaires : *Gobius auratus* présente un corps tacheté de rouge-rose et la tête dorée.

Cantherines pardalis

Poisson originaire de la Mer Rouge et de l'Océan Indien qui a récemment réussi le passage en Méditerranée. Son corps aplati est tacheté de sombre avec l'épine dorsale bien développée. Atteint 40 cm. Vit sur les fonds rocheux à proximité du sable où il se nourrit en soufflant sur les grains ou les sédiments, de vers, crustacés et échinodermes.

Outre les mers d'origine, présent en Méditerranée orientale (île de Castellorizo).

Espèces similaires : *Balistes carolinensis* aux nageoires striées de bleu est répandu en Méditerranée occidentale et en Atlantique tropical.

Bothus podas

Poisson plat parfaitement adapté à la vie sur les fonds sableux. Habite les profondeurs entre 4 et 400 m. Carnivore, il se nourrit de crustacés, vers et mollusques. Long de 20 cm, son corps est tacheté et ses yeux globuleux. Poisson couché sur le côté droit.

Espèce endémique de Méditerranée.

Espèces similaires : les poissons plats sont nombreux en Méditerranée. Confusion possible avec la sole *Solea vulgaris* ou le barbue *Scophthalmus rhombus*.

Détail de la tête

Holocentrus ruber

Originaire d'Indo-Pacifique et de la Mer Rouge, le poisson-écureuil est apparu en Méditerranée par migration lessepsienne. Atteint 25 cm et vit, en Méditerranée, sur les fonds rocheux dans les anfractuosités car il est photophobe. Vivant entre 5 et 50 m de profondeur, il n'hésite pas à s'aventurer dans les eaux proches de la surface, pour chasser la nuit.

Outre ses eaux d'origine on le trouve exclusivement dans le bassin oriental de Méditerranée, de Chypre à l'île de Rhodes et sur les côtes de la Turquie du sud.

TORTUES ET MAMMIFÈRES

Les tortues marines sont des reptiles aquatiques qui s'aventurent au grand large et ne dépendent des côtes que pour pondre leurs œufs. Elles sont retournées à la mer il y a cent millions d'années. Depuis, de nombreux genres se sont éteints pour n'en compter que cinq aujourd'hui, répartis dans toutes les mers du globe.

De la carapace sort la tête et 2 paires de pattes, lesquelles se sont transformées en palmes afin de permettre une nage plus rapide. Les tortues remontent régulièrement à la surface pour respirer l'air. Excellentes apnéïstes, elles peuvent rester 3 heures sans respirer au repos. Elles se nourrissent d'algues, de poissons, de mollusques et de méduses.

La tortue caouanne, *Caretta caretta*, est la seule à utiliser les plages méditerranéennes pour pondre ses œufs mais la tortue verte, *Chelonia mydas*, ainsi que la tortue luth, *Dermochelys coriacea*, font leur apparition dans les eaux du bassin. Deux autres espèces, *Lepidochelys kempi* et *Eretmochelys imbricata*, n'y pénètrent qu'occasionnellement. On les rencontre plus fréquemment en Atlantique.

Aujourd'hui, les tortues marines sont menacées à l'échelle planétaire. Avant leur protection officielle, elles faisaient et font encore parfois l'objet d'une pêche très recherchée pour sa carapace, son cuir, son huile, sa viande et même pour l'empailler. En dépit des conventions qui ont limité sa pêche, les tortues continuent de disparaître. Elles se font piéger dans les filets des pêcheurs et meurent asphyxiées. Elles avalent les hameçons destinés aux poissons pélagiques comme l'espadon ou le requin. Elles se font blesser par les hélices des bateaux. Elles s'étouffent en mangeant les sacs plastiques qu'elles prennent pour des méduses. Elles s'empoisonnent aux hydrocarbures et s'échouent massivement sur les grèves méditerranéennes. Quant à leur ponte, le tourisme de masse la compromet au plus haut point en investissant les plages. Bref, les tortues n'ont que trop de raisons de mourir.

Egalement en danger, les mammifères marins sont morphologiquement adaptés à la vie aquatique et, à part de rares exceptions, ne quittent pas l'eau. Ce sont des animaux munis de poumons qui allaitent leurs petits. On les répartit en 2 grands groupes, les mysticètes qui ne possèdent pas de dents mais des fanons c'est-à-dire les baleines et les odontocètes à la dentition très développée, comme les dauphins et les marsouins.

Les dauphins sont les mammifères les plus fréquents en Méditerranée. On rencontre 3 espèces communes : le dauphin commun, *Delphinus delphis*, le dauphin bleu et blanc, *Stenella coeruleoalba* et le grand dauphin, *Tursiops truncatus*. Ils se déplacent souvent en bandes en pleine mer. Il est donc rare de les rencontrer en plongée. Ils se nourrissent principalement de poissons pélagiques.

Les baleines pénètrent la Méditerranée par le détroit de Gibraltar et s'aventurent notamment dans la partie occidentale. C'est le cas du rorqual commun, *Balaenoptera physalus*. Un autre mammifère endémique du bassin, le phoque moine, *Monachus monachus*, fut abondant à l'époque d'Homère. Il est à l'heure actuelle déclaré espèce menacée numéro 1 de Méditerranée. Il ne reste plus qu'environ 250 de ces phoques parmi les plus grands du monde, dont la majorité dans les eaux grecques et sur les côtes sud de l'Asie mineure. Ayant besoin quotidiennement de près de un quinzième de leur propre poids en poissons et céphalopodes, les animaux doivent se déplacer de plus en plus loin pour trouver une nourriture raréfiée.

Les pêcheurs qui voient en lui un concurrent, n'hésitent pas à pénétrer la nuit dans les cavernes où les phoques reposent et les assassinent. Ils utilisent également des explosifs sur les animaux repérés sous l'eau. En outre, les bateaux de plaisance et le tourisme en général ont poussé les phoques à vivre loin des côtes dans des endroits de plus en plus reculés, sur des îlots inhabités. Et la pollution chimique, les métaux lourds ainsi que les insecticides élèvent le taux de mortalité des petits. Les naissances se font rares. En dépit des mesures draconiennes pour leur sauvegarde, le nombre de phoques continue à décroître et il est bien possible que dans 20 ans, son nom se trouve inscrit sur la liste-honte pour l'humanité, celle des espèces décimées par l'homme.

Caretta caretta

Tortue marine pouvant atteindre 1 m de long et plus de 100 kilos. Sa coloration est marron clair-roux. Elle est la seule tortue à utiliser les plages méditerranéennes pour pondre ses œufs notamment sur l'île de Zakynthos.

Cosmopolite.

A noter : menacée par une activité humaine trop intense près des côtes, combinée à la difficulté de son cycle de reproduction.

Monachus monachus

Unique phoque du bassin méditerranéen. Le mâle mesure 2 m maximum pour 260 kilos alors que la femelle atteint 3,80 m pour 300 kilos. Le petit mesure 120 cm pour 26 kilos. Fourrure de coloration marron foncé avec le ventre plus clair. Habite les grottes et les cavernes, souvent à entrée sous-marine unique.

Distribué en Méditerranée, en Atlantique aux Canaries, à Madère et en Mauritanie.

A noter : plus que 250 individus au monde. La protection *in situ* semble impossible à cause d'une activité humaine trop intense.

GLOSSAIRE

Abiotique : désigne un facteur ou une condition physicochimique qui exerce une influence sur les organismes vivants.
Aboral : désigne la surface du corps opposée à l'ouverture buccale.
Abyssal : désigne un organisme vivant dans des profondeurs supérieures à 2.500 mètres.
Acontie : filament urticant libéré par certaines anémones qui joue le rôle d'auto-défense.
Amphibiotique : désigne un organisme capable de vivre dans 2 milieux différents.
Aquifère : désigne un réseau porteur d'eau.
Atrium : cavité centrale chez les spongiaires.
Auriforme : en forme d'oreille.
Autotomie : détachement volontaire d'une partie du corps.
Autotrophe : organisme assimilant lui-même l'énergie dont il a besoin pour sa propre croissance.
Bathymétrique : désigne le rapport entre la profondeur et d'autres conditions.
Bathypélagique : organisme vivant dans la zone comprise entre 700 et 2.500 mètres de profondeur.
Benthique : organisme vivant sur, dans ou près des fonds marins.
Biotope : ensemble des facteurs bien définis qui caractérisent un milieu pour lequel certains organismes sont mieux adaptés pour vivre.
Byssus :.filaments des mollusques bivalves qui attachent l'animal sur une surface.
Céphalothorax : partie des crustacés composée par la fusion de la tête et du thorax.
Cérébelliforme : qui présente une allure de cervelle.
Chaeta : panache tentaculaire des vers polychètes.
Chitine : substance organique enveloppant le corps des crustacés.
Chlorophyte : algue à coloration verte.
Chromatophore : cellule cutanée responsable des changements de pigmentation chez certains poissons et mollusques.
Cil : appendice filiforme destiné à filtrer et à améliorer la circulation d'eau chez certains animaux.
Cirre : appendice tentaculaire épidermique.
Conchyliphage : animal consommateur de coquillages.
Cordé : désigne un animal à axe central, pendant ou après son évolution.
Détritivore : animal se nourrissant de débris organiques et inorganiques.
Dichotome : désigne un axe divisé en 2 parties symétriques.
Dichromisme : propriété d'un être de se présenter sous 2 couleurs différentes au sein d'une même espèce.
Dimorphisme : propriété d'un être de se présenter sous 2 aspects morphologiques différents au sein d'une même espèce.
Diurne : animal actif pendant le jour.
Encroûtant : désigne un organisme à l'aspect de croûte.
Endémique: désigne un organisme à répartition géographique restreinte et bien définie.
Endolithe : désigne un organisme vivant à l'intérieur des roches, suite à une perforation.
Endophyte : désigne un organisme vivant à l'intérieur d'un végétal.
Endozoïque : désigne un organisme vivant à l'intérieur d'un animal.
Epilithe : désigne un organisme vivant sur les roches.
Epipélagique : désigne un organisme vivant dans la zone comprise entre 0 et 200 mètres de profondeur.
Epiphyte : désigne un organisme vivant sur un végétal.
Epizoïque : désigne un organisme vivant sur un animal.
Euryhalin : désigne un organisme marin capable de supporter de grandes variations de salinité .
Eurytherme : désigne un organisme capable de supporter de grandes variations thermiques.

Flagelles : appendices cellulaires filiformes.
Foraminifère : désigne un animal unicellulaire secrétant une substance calcaire.
Foliacé : d'aspect lamellé.
Fronde : thalle d'une plante marine à l'aspect de lame.
Fucophycée : algue de coloration principalement brune.
Gamète : cellule reproductrice mâle ou femelle.
Gonade : Glande génitale mâle, femelle ou hermaphrodite.
Hadopélagique : désigne un organisme vivant dans la zone inférieure à 5.000 mètres de profondeur.
Halocline : zone marquant la séparation d'eaux à taux de salinité différents.
Hermaphrodite : organisme réunissant les gamètes des 2 sexes.
Hétéromorphe : désigne un organisme qui, pendant sa croissance, présente 2 aspects différents.
Hétérotrophe : désigne un organisme animal qui, pour sa propre croissance, a besoin d'assimiler d'autres organismes végétaux ou animaux.
Homochromie : accordance des couleurs d'un organisme avec celles du milieu naturel.
Hypolithe : désigne un organisme vivant sur la face inférieure des pierres.
Infralittoral : zone côtière comprise entre 0 et 40 mètres environ.
Invertébrés : animaux ne possédant pas de colonne vertébrale.
Larve : stade de croissance chez certains animaux qui diffère en aspect à celui des adultes.
Littoral : limite entre la terre et la mer.
Mimétisme : capacité des organismes vivants de ressembler à leur milieu ou à un autre être vivant.
Mode : après l'hydrodynamisme, le degré d'agitation de la mer sur un endroit précis.
Necton : animaux aquatiques capables de se déplacer à leur propre gré.
Nematocyste : cellule urticante chez les cnidaires.
Nocturne : animal actif pendant la nuit.
Notocorde : axe squelettique élastique, prodrome de la colonne vertébrale.
Ocelle : organe sensoriel photosensible de structure simple.
Opercule : plaque protectrice de substance cornue chez les mollusques gastéropodes et osseuse chez les poissons.
Oscule : orifice exhalant de grande taille chez les spongiaires.
Ovipare : animal qui donne vie par les oeufs.
Parasite : animal qui se nourrit des tissus d'un autre, nommé l'hôte.
Pélagique : organisme vivant en pleine mer ou pelagos.
Pentamère : de 5 parties. (attribué aux échinodermes)
Pentapode : animal à 5 bras ou pieds.
Phanérogame : plante aquatique portant des fleurs et des fruits.
Photophile : désigne un organisme dont le développement nécessite la présence de lumière. Littéralement «amie de la lumière».
Photophobe : désigne un organisme dont le développement nécessite l'absence de lumière. Littéralement «peur de la lumière».
Phylum : division large du règne animal, subdivisée en classe, ordre, famille, genre, espèce.
Phytoplancton : plancton végétal qui se distingue du zooplancton de composition animale.
Pinnule : la plus petite partie d'un tentacule d'un octocoralliaire.
Piscivore : prédateur se nourrissant de poissons.
Planctonophage : désigne un organisme consommateur de phytoplancton et/ou de zooplancton.
Polype : cnidaire dont le corps en forme de sac se termine par une bouche encerclée de tentacules.
Protandryque : désigne un animal hermaphrodite dont la phase mâle précède la phase femelle.
Protogynique : désigne un animal hermaphrodite dont la phase femelle précède la phase mâle.
Protractile : désigne un tentacule ou une bouche capable de se catapulter vers l'avant.
Rhizome : tige souterraine chez les phanérogames, remplie de substances nutritives.

Rhodophyte : algue rouge en majorité pluricellulaire.

Saprophage : désigne un animal consommateur de la matière organique en phase de décomposition.

Sciaphile : désigne un organisme dont la croissance est favorisée dans les endroits obscurs. Littéralement «amie de l'ombre».

Sessile: désigne un animal qui ne se déplace pas.

Spicule : élément squelettique chez les spongiaires et certains échinodermes.

Sténohalin : désigne un organisme aquatique ne supportant pas de grandes variations de salinité.

Sténotherme : désigne un organisme ne supportant pas de grandes variations thermiques.

Stolon : partie rampante de certaines algues, certains hydraires et octocoralliaires, assurant la communication et la fixation au fond.

Symbiose : association de 2 organismes dont les bénéfices sont réciproques.

Test : squelette calcaire de l'oursin.

Thalassotoque : désigne un poisson vivant en eau douce et effectuant sa ponte en eau marine.

Thalle : appareil végétatif des algues sans feuilles, tiges, ni racines.

Thermocline : zone de profondeur séparant des eaux de températures différentes.

Unicellulaire : désigne un organisme constitué d'une cellule unique.

Vagile : désigne un animal capable de se déplacer, contrairement à un animal sessile.

Vermiforme : en forme de ver.

Vertébré : animal à colonne vertébrale.

Zoécie : loge d'un individu au sein d'une colonie de bryozoaires.

Zoïde : individu membre d'une colonie de bryozoaires ou de synascidies.

Zooplancton : plancton animal, contrairement au plancton végétal, le phytoplancton.

INDEX

BIBLIOGRAPHIE

BARNES, CALOW, OLIVE, GOLDINE, 1988 *The Invertebrates, A new synthesis*, Blackwell Scientific Publications, Oxford.

A.BAUCHAU, 1966, *La vie des crabes* Ed. Paul Lechevalier, Paris.

BAUCHOT M.L.et R., 1967, *La vie des poissons* Stock.

BAUCHOT M.L., PRAS A. 1980, *Guide des poissons marins d'Europe,* Delachaux & Niestlé, Neuchâtel - Paris.

R.BUSTARD, 1972, *Sea Turtles*, Taplinger publishing Co.

CABIOC'H J., FLOC'H J.Y., LE TOQUIN A., BOUDOURESQUE C.F., MEINESZ A., VERLAQUE M. 1992, *Guide des algues des mers d'Europe,* Delachaux & Niestlé, Neuchâtel - Paris.

CAMPBELL A.C., NICHOLLS J., 1986, *Guide de la faune et la flore littorales des mers d'Europe,* Delachaux & Niestlé, Neuchâtel - Paris.

CATTANEO-VIETTI R., CHEMELLO R., GIANNUZI-SAVELLI R., 1990. *Atlas of Mediterranean Nudibranchs,* La Conchiglia.

CHARPENTIER B., 1992, *La mer malade de la terre,* Glénat, Grenoble.

FAO 1984, *Species Identification Sheets for Fishery Purposes West Indian Ocean, vol III,* Roma.

FETTER V., GRAHAM A.,1976, *A Functional Anatomy of Invertebrates*, Academic Press, London.

HARMELIN-VIVIEN M., HARMELIN J.G., 1990, *Guide des poissons de Méditerranée,* Delachaux & Niestlé, Neuchâtel - Paris.

HYATT VERRILL A., 1941, *Moeurs étranges des poissons*. Payot.

KAPLAN E.H., 1982, *A Field Guide to Coral Reefs,* Houghton Mifflin Company, Boston.

LINDER G., 1989, *Guide des coquillages marins,* Delachaux & Niestlé, Neuchâtel - Paris.

LUTHER W., FIEDLER K., 1987, *Guide de la faune sous-marine des côtes méditerranéennes,* Delachaux & Niestlé, Neuchâtel - Paris

P.A. MEGLITSCH, *1973-1974-1975, Zoologie des Invertébrés, Vol. 1,2,3.*

MOUTON P., 1993, *Corail Rouge*, Autres Temps.

RIEDL R., 1983, *Fauna und Flora des Mittelmeeres,* Paul Parey, Hamburg und Berlin.

SIMEONIDIS D., 1990, *Poissons tropicaux,* Exbrayat, Fort-de-France.

SIMEONIDIS D., 1990, *Le récif corallien,* Exbrayat, Fort-de-France.

SYLVESTRE J.P., MARION R., 1993, *Guide des otaries phoques et siréniens,* Delachaux & Niestlé, Lausanne - Paris.

UNESCO, 1986, *Poissons de l'Atlantique du Nord-Est et de la Méditerranée. Vol. 1, 2, 3.*

WEINBERG S., 1992, *Découvrir la Méditerranée,* Nathan, Paris.

YONGE AND THOMPSON, 1976, *Living Marine Molluscs,* Collins, London and Glasgow.

REMERCIEMENTS

Je tiens à remercier tous ceux qui m'ont aidés à réaliser cet ouvrage.

Tout d'abord mon épouse Noëlle Grandhomme pour sa patience à corriger le manuscrit, Madame Goy et Monsieur Hureau du Muséum d'Histoire Naturelle de Paris pour leur aide dans la détermination respective de certaines méduses et poissons, Monsieur Mille pour ses deux photos, (Méduse *Rhizostoma pulmo* et Corail rouge *Corallium rubrum*), ainsi que Monsieur Dendrinos de la Société hellénique pour la sauvegarde des phoques-moines de Méditerranée, pour sa photo du phoque *Monachus monachus.*

CRÉDIT PHOTOGRAPHIQUE

L'auteur confie ses photos à l'Agence Bios, à Paris.

Imprimé en Italie Officine Grafiche De Agostini - Novara 1995
Relié par Legatoria del Verbano S.p.A.